Salate & Saucen

ulmer

Fabian Lange

Salate & Saucen

Fabian Lange, 1986, ist gelernter Koch. Die letzten Jahre war er in der Spitzengastronomie unter anderem im Restaurant Clouds, im Mesa und zuletzt im Restaurant Gustav (17 Gault-Millau-Punkte und 1 Michelin-Stern) in Zürich bei Antonio Colaianni tätig. Seit 2019 widmet er sich voll und ganz seinem eigenen Label «Le Saucier».

Salatliebe

Ich freue mich riesig, dass Sie dieses Kochbuch in der Hand halten. Denn dieses zweite Rezeptbuch zum Thema Saucen liegt mir besonders am Herzen. Es ist ein Familienprojekt, bei dem wir alles selbst umgesetzt haben – von den Rezepten über die Fotos bis zur Grafik.

Meine Frau Kathrin ist Grafikerin und Illustratorin und hat die gesamte Gestaltung dieses Buchs übernommen. Auch unsere beiden Söhne haben ihren Teil beigetragen: Sie haben mir kräftig geholfen, in unserem Garten die Salatsamen zu setzen und Salate zu ernten.

Ich liebe es, mit meiner und für meine Familie zu arbeiten. Dies war auch der Grund, warum ich mich 2019 von der Sternegastronomie als Koch verabschiedet habe: Ich wollte mich voll und ganz auf unser Unternehmen «Le Saucier» konzentrieren und mehr Zeit für die Familie haben.

In der Gastroszene nennt man mich seitdem nur noch den «Saucenkoch». Saucen sind zu meiner Berufung geworden. Mit meiner Marke «Le Saucier» produziere und verkaufe ich seit fünf Jahren Jus und Fonds auf Sterneküchenniveau. Zudem arbeite ich auch als Mietkoch und zeige meinen Kundinnen und Kunden bei ihnen zu Hause, wie man mit meinen Produkten mit wenig Aufwand ein Sternemenü kreieren kann.

Bei mir dreht sich also alles um Saucen, ich gebe auch Kochkurse zum Thema. So liegt es nahe, dass ich mein neues Rezeptbuch über Salate geschrieben habe. Die Sauce ist eine Begleiterin, eine Unterstützerin, ohne die ein Gericht keinen Spaß macht. Wenn sie nicht da ist, fehlt etwas Elementares. Und wo ist eine Sauce, ein Dressing, wichtiger als bei einem Salat?

In meinem Buch möchte ich Ihnen zeigen, dass man mit einfachen Schritten aus den drei Grunddressings – italienisch, französisch und Vinaigrette – unendlich viele Variationen herstellen kann.

Ich hoffe, dass ich Ihnen mit diesem Buch meine Liebe zu Saucen näherbringen und Sie zu neuen Kreationen inspirieren kann.

Ich wünsche Ihnen viel Spaß beim Ausprobieren!

Fabian Lange, Le Saucier

Grundzutaten für schmackhafte Salate

Die Dressings können in einer Vielzahl an Variationen zubereitet werden, die Basiszutaten sind allerdings immer gleich: Bouillon, Zwiebelkonfit, Salz, Zucker, Öl und Säure. Die Dressings können entweder mit einer Geflügelbouillon oder mit einer Gemüsebouillon (vegetarische Variante) hergestellt werden. Wem die Herstellung der Basisprodukte zu aufwendig ist, der kann zu fertigen Alternativen greifen.

Variationen können aus den verschiedensten Produkten entstehen:

Milchprodukte: Rahm, Buttermilch, Quark, Joghurt, Crème fraîche oder auch Käse

Säuren: Zitronen-, Limetten-, Orangen-, Johannisbeer-, Rhabarber- und Apfelsaft oder Essigsäure

Pflanzliche Würzmittel: Schalotten, Meerrettich, Küchenkräuter (Basilikum, Petersilie etc.)

Früchte: Erdbeeren, Heidelbeeren, Feigen, Datteln, Aprikosen, Trauben (Rosinen), Himbeeren

Nüsse: Pistazien, Walnüsse, Haselnüsse, Kokosraspeln und Mandeln

Eine Auswahl geeigneter Blattsalate

Ackersalat
Batavia rot und grün
Brunnenkresse
Chicorée
Cicorino rosso
Chinakohl
Eichblattsalat rot und grün
Eisbergsalat
Endivie rot und grün
Frisée
Gartenkresse
Kopfsalat (Salanova) grün und rot
Löwenzahn
Lollo rosso und bianco
Radicchio
Radicchio Trevisano
Rote-Bete-Blätter
Romana-Salat
Rucola rot und grün
Spinat

Blattsalate

Baby-Romanasalat
Mai bis Oktober
nussig, mild, neutral
Eichblatt
rot und grün
Mai bis Oktober
nussig, mild
Radicchio
Juli bis November
bitter, kräftig
Löwenzahn
Mai bis Oktober
nussig, mild
Spinat
Mai bis Oktober
nussig, mild
Romana-Salat
Mai bis Oktober
nussig, mild,
neutral
Lollo
rosso und bianco
Mai bis Oktober
kräftig, leicht bitter
Kopfsalat
(Salanova)
Juni bis September
knackig, frisch

Das kleine Einmaleins der Dressings

Verhältnis von Öl und Essig
Die Grundsäule jedes Dressings ist eine Basis aus Essig und Öl. Am einfachsten macht man es sich hier, indem man die Faustregel 3:1 berücksichtigt: 3 Teile Öl auf 1 Teil Essig verwenden.

Essig/Säure
Bei den folgenden Rezepten sind ein weißer Balsamicoessig mit 4,5 % und ein dunkler Balsamicoessig mit 7 % Säuregehalt vorgesehen. Aber auch andere Zutaten wie Zitronen- und Orangensaft, Joghurt oder Sauerrahm können als Säurebasis benutzt werden.

Öl
Kalt gepresste Öle eignen sich am besten für Salate. Bei allen Rezepten wurde Olivenöl und/oder Sonnenblumenöl verwendet. Hier kann aber ganz nach Belieben und verfügbaren Zutaten gearbeitet werden. Manche Öle haben ein intensiveres Aroma, wie zum Beispiel Leinöl, Kürbiskernöl oder Traubenkernöl. Persönlich bevorzuge ich ein gutes Olivenöl.

Bouillon als Basis
Um das Dressing nicht zu dickflüssig werden zu lassen, wird viel zu oft mit Wasser verdünnt. Reines Wasser hat im Dressing in meinen Augen allerdings nichts zu suchen. Das Einzige, was sich durch die Zugabe von Wasser verändert, ist die Konsistenz. Dabei verwässert jedoch der Geschmack. Stattdessen eignet sich hervorragend eine Gemüse- oder Geflügelbouillon. Diese gibt dem Dressing eine volle und intensivere Note.

Zwiebeln als Umami-Booster
Die Zwiebel kommt in jedem Dressing zum Einsatz. Sie hat die Eigenschaft, dass sie den Grundgeschmack des Dressings anhebt, ohne selbst zu dominant zu schmecken.

Süße als Geschmacksverstärker
Zucker ist die Zutat, die meist den größten gefühlten Unterschied im Dressing ausmacht. Die Aromen können noch so gut zusammenspielen, Säure und Öle noch so gut kombiniert sein – wenn die Süße fehlt, entsteht oft das Gefühl eines unfertigen Dressings. Hier sollte man auf Rohzucker zurückgreifen, denn er hat den Vorteil, dass er nicht aufdringlich schmeckt. Hervorragende Alternativen sind Ahornsirup, Honig oder auch Birnendicksaft.

Frische
Salat ist sehr empfindlich und sollte deshalb möglichst nur nach Bedarf gekauft werden. Beim Kauf von Salaten sollte man darauf achten, dass der Strunk des Kopfes möglichst hell und frisch wirkt.

Ist die Schnittfläche bräunlich angelaufen, ist der Salat schon etwas älter. Die Blätter sollten keinesfalls schlapp, sondern kräftig und saftig aussehen. Salat sollte am besten gleich verbraucht und nicht länger gelagert werden.
Falls der Salat welk geworden ist, kann er in etwas Zuckerwasser (1 l eiskaltes Wasser mit 1 EL Zucker gemischt) für 20 Minuten eingelegt werden.

Waschen
Vor dem Verzehr den Salat von welken Teilen, Strunk und starken Blattrippen befreien und anschließend mit reichlich Wasser spülen, damit anhaftender Sand und Schmutz entfernt werden. Salate dürfen nicht im Wasser liegen bleiben, ansonsten gehen wertvolle Inhaltsstoffe verloren.
Nach dem Waschen den Salat mit einer Salatschleuder trocknen, zerkleinern und direkt anrichten. Ein Dressing sollte erst unmittelbar vor dem Anrichten auf den Salat gegeben werden, sonst fallen die Blätter in sich zusammen.

Lagerung und Haltbarkeit
Saisonale Salate aus der Region sind durch die kurzen Transportwege vom Feld bis zum Supermarkt in die Küche am längsten haltbar. Je fester die Blätter sind, desto länger lässt sich der Salat lagern. So halten sich Eisbergsalat, Romana-Salat und Radicchio relativ lange. Salatsorten mit weichen Blättern sollten hingegen möglichst schnell verzehrt werden.

Bevor der Salat im Kühlschrank gelagert wird, sollte man dafür sorgen, dass die Blätter trocken sind, und gegebenenfalls braune oder faule Stellen entfernen. Zur Verlangsamung des Reifeprozesses kann der Salat mit etwas Zitronensaft in ein feuchtes Tuch gewickelt werden.

Grundsätzlich sollte Salat im Gemüsefach gelagert werden. Bereits gewaschener Salat sollte daher vor der Lagerung sorgfältig abgetrocknet oder mit einer Salatschleuder getrocknet werden. Wird er in Plastikbeuteln aufbewahrt, bleibt er noch einige Tage länger haltbar.

Salate sollten keinesfalls in unmittelbarer Nähe von nachreifenden Früchten, wie zum Beispiel Tomaten oder Äpfeln, gelagert werden. Die sich dort entwickelnden Reifegase lassen die Salatblätter schneller verderben.

Vermehrt gibt es auch Salatköpfe in Erdballen, diese können nach Bedarf im Ganzen oder schrittweise geerntet werden.

«Je frischer, desto knackiger – Am besten kommt der Salat direkt aus dem Garten auf den Teller.»

Basis-rezepte

Gemüsebouillon

Ergibt ca. 1 ½ Liter
Zubereitungszeit: 3 Stunden

Zutaten

2 Zwiebeln
400 g Karotten
300 g Stangensellerie
150 g Zucchini
200 g Lauch
20 g Butter
80 g Kichererbsen
250 ml trockener Weißwein
3 l kaltes Wasser
1 Knoblauchzehe
1 Zweig frischer Rosmarin
1 Zweig frischer Thymian
1 Lorbeerblatt
2 Wacholderbeeren
1 Nelke
2 TL Misopaste
10 schwarze Pfefferkörner
2 TL Salz

Zubereitung

Zwiebeln schälen, quer halbieren und in einer Bratpfanne ohne Fett die Schnittflächen anbräunen.

Karotten, Stangensellerie und Zucchini in kleine Stücke, Lauch in Ringe schneiden. Das Gemüse in einer großen Pfanne in Butter andünsten. Zwiebeln und Kichererbsen beigeben, kurz mitdünsten. Mit Weißwein ablöschen und Wasser dazugießen.

Knoblauch zerdrücken, zusammen mit Rosmarin, Thymian, Lorbeer, Wacholder, Nelke, Misopaste, Pfeffer und Salz beigeben.

Bouillon aufkochen, bei kleiner Hitze ca. 45 Minuten köcheln lassen. Dabei den entstandenen Schaum immer wieder mit einer Kelle abschöpfen. Ein Passiertuch in ein Sieb über eine zweite Pfanne legen. Bouillon passieren und auf ca. 1 ½ l einkochen, mit Salz abschmecken.

Tipp
Eignet sich als Basis für alle Arten von Gemüsesuppen, Risottos oder auch für Schmorgerichte.

Lagerung
Sterilisiert haltbar für 1 Jahr. Kühl und trocken lagern.
Nach dem Öffnen für ca. 3–4 Tage im Kühlschrank haltbar.

Geflügelbouillon

Ergibt ca. 1 ½ Liter
Zubereitungszeit: 3 Stunden

Zutaten

1 Suppenhuhn à ca. 1,2 kg
ca. 3 l kaltes Wasser
1 Zwiebel
1 Karotte
100 g Stangensellerie
½ Lauch
1 Knoblauchzehe
1 Zweig frischer Thymian
1 Zweig frischer Rosmarin
1 Lorbeerblatt
1 Nelke
5 schwarze Pfefferkörner
2 TL Salz

Zubereitung

Suppenhuhn innen und außen kalt abspülen. Huhn in einen Topf geben. Mit Wasser aufgießen, bis das Huhn bedeckt ist, und aufkochen. Huhn bei kleiner Hitze ca. 30 Minuten köcheln, den dabei entstehenden Schaum und das Fett immer wieder mit einer Kelle abschöpfen.

Zwiebel schälen, quer halbieren und in einer Bratpfanne ohne Fett rösten, bis die Schnittflächen braun sind. Zwiebelhälften zum Huhn in den Topf geben.

Karotte und Stangensellerie in Würfel, Lauch in Ringe schneiden. Knoblauchzehe zerdrücken. Gemüse sowie Thymian, Rosmarin, Lorbeer, Nelke und Pfeffer beigeben. Bouillon bei kleinster Hitze ca. 1 ½ Stunden köcheln. Huhn herausnehmen.

Ein Passiertuch in ein Sieb über eine zweite Pfanne legen. Bouillon passieren, mit Salz abschmecken. Bouillon auskühlen lassen, kalt stellen. Nach Belieben die entstandene ausgekühlte Fettschicht abschöpfen.

Tipp
Das Fleisch vom Suppenhuhn auslösen und als Suppeneinlage, für Raviolifüllungen, Caesar Salad oder in einer Sauce zu Teigwaren servieren.

Lagerung
Sterilisiert haltbar für 1 Jahr. Kühl und trocken lagern.
Nach dem Öffnen für ca. 3–4 Tage im Kühlschrank haltbar.

Zwiebelkonfit

Ergibt 2–3 Gläser à 200 ml
Zubereitungszeit: 2 ½ Stunden

Zutaten

500 g Zwiebeln
360 ml Olivenöl
2 Knoblauchzehen
1 EL Salz

Zubereitung

Einen großen Topf mit Wasser füllen und aufkochen (nur so viel Wasser verwenden, dass die Zwiebeln noch Platz haben).

Die Zwiebeln schälen, in ca. 5 mm große Würfel schneiden und in das kochende Wasser geben. Für 5 Minuten kochen und durch ein Sieb abgießen.

Im gleichen Topf das Olivenöl einmal erhitzen. Die abgetropften Zwiebeln zum Olivenöl geben und gut verrühren. Temperatur auf die kleinste Stufe stellen.

Den Knoblauch fein hacken und mit dem Salz unter die Zwiebeln mischen. Das Zwiebelkonfit für 2 Stunden auf kleinster Stufe kochen, gelegentlich umrühren.

Tipp
Durch das Kochen der Zwiebeln im Wasser verlieren sie ihre blähende und aufstoßende Wirkung. Wer keinen Knoblauch mag oder verträgt, kann diesen einfach weglassen.

Selbst gemachtes Zwiebelkonfit ist ein tolles Produkt und so unglaublich lecker. Passt zu Gemüse, Fleisch, Fisch, Salat, Risottos – es ist vielseitig einsetzbar.

Lagerung
Sterilisiert haltbar für 1 Jahr. Kühl und trocken lagern.
Nach dem Öffnen für ca. 3 Wochen im Kühlschrank haltbar.

Italienisches Dressing

Basisrezept Italienisches Dressing

Ergibt ca. 700 ml
Zubereitungszeit: 10 Minuten

Zutaten

1 EL Zwiebelkonfit
100 ml dunkler Balsamicoessig
2 EL Rotweinessig
3 EL weißer Balsamicoessig
150 ml Geflügel- oder Gemüsebouillon
2 EL Honig
2 TL feiner Senf
1 TL Salz
½ TL Pfeffer
200 ml Sonnenblumenöl
150 ml Olivenöl
5 frische Basilikumblätter
2 Zweige frischer Majoran, gezupft

Zubereitung

Zwiebelkonfit, alle Sorten Essig, Bouillon, Honig, Senf, Salz und Pfeffer in eine große Schüssel geben. Mit dem Stabmixer fein pürieren. Den Stabmixer weiterlaufen lassen und zuerst das Sonnenblumenöl, dann das Olivenöl langsam dazugießen. Basilikum und Majoran zugeben und nochmals mixen, bis die Kräuter püriert sind.

Tipp
Das Dressing kann mit diversen frischen Kräutern wie Schnittlauch, Petersilie und Oregano oder mit Schalotten verfeinert werden.

Lagerung
Das Dressing in saubere, heiß ausgespülte Flaschen abfüllen und im Kühlschrank aufbewahren. Vor Gebrauch gut schütteln. Das Dressing ist im Kühlschrank ca. 20 Tage haltbar.

Panzanella

Für 4 Personen
Zubereitungszeit: 1 Stunde

Zutaten

200 ml italienisches Dressing

3–6 Scheiben Brot je nach Größe (auch altbackenes Brot eignet sich)
Olivenöl
Salz
Pfeffer
etwas gehackter frischer Rosmarin und Thymian
10 Dattel-Tomaten
½ Salatgurke
½ rote Zwiebel
5 frische Basilikumblätter
120 g gemischte Oliven
½ Kopf Romana-Salat
½ Kopf Radicchio Trevisano

Zubereitung

Italienisches Dressing zubereiten.

Den Ofen auf 180 Grad (Umluft) vorheizen. Das Brot mit einem Messer in kleine Würfel schneiden, auf ein mit Backpapier belegtes Blech geben. Mit etwas Olivenöl, Salz, Pfeffer und den frischen Kräutern würzen und in der Ofenmitte für 10–15 Minuten knusprig backen.

Währenddessen die Tomaten und die Gurke putzen, waschen und in grobe Stücke schneiden. Die Zwiebel und das Basilikum in feine Streifen schneiden.

¾ der gerösteten Brotwürfel in eine große Schüssel geben und mit der Hälfte des Dressings für 10 Minuten marinieren. Die vorbereiteten Zutaten zusammen mit den Oliven hinzugeben und gut durchmischen. Weitere 20 Minuten marinieren.

Romana-Salat und Radicchio putzen. Den Romana-Salat in grobe Stücke, Radicchio in feine Streifen schneiden, waschen und in einer Salatschleuder trocknen.

Den Radicchio mit in die große Schüssel mischen und mit Salz und Pfeffer würzen. Den gewaschenen Romana-Salat mit dem Rest des Dressings marinieren, auf einer Platte verteilen und den Brotsalat auf dem Romana-Salat platzieren. Die restlichen gerösteten Brotwürfel darübergeben.

Caprese-Salat

Für 4 Personen
Zubereitungszeit: 15 Minuten

Zutaten

150 ml italienisches Dressing

15 Dattel-Tomaten
150 g Rucola
300 g Mozzarella
5 frische Basilikumblätter
Salz
Pfeffer

Zubereitung

Italienisches Dressing zubereiten.

Tomaten putzen, waschen und vierteln.

Den Rucola putzen, waschen und in einer Salatschleuder trocknen.

Mozzarella abtropfen und in Würfel schneiden.

Die Basilikumblätter in feine Streifen schneiden und in eine große Schüssel geben. Tomaten, Rucola, Mozzarella und das Dressing mit dem Basilikum mischen. Mit Salz und Pfeffer würzen und den Salat auf Tellern anrichten.

Tomaten-Auberginen-Burrata-Türmchen

Für 4 Personen
Zubereitungszeit: 45 Minuten

Zutaten

100 ml italienisches Dressing

1 Aubergine
etwas Olivenöl
300 g Dattel-Tomaten oder Cherrytomaten
3 EL weißer Balsamicoessig
Salz
Pfeffer
2 Burrata oder Mozzarella
100 g Rucola
etwas frischer Basilikum

Zubereitung

Italienisches Dressing zubereiten.

Den Backofen auf 200 Grad (Umluft) vorheizen. Aubergine waschen, in etwa 1 cm dicke Scheiben schneiden, großzügig mit Olivenöl und Salz bepinseln. Auf einem mit Backpapier belegten Blech beidseitig je 15 Minuten backen, bis die Auberginenscheiben goldbraun sind. Auf einem Küchenpapier auskühlen lassen.

Die Tomaten putzen, waschen und vierteln. Eine kleine Pfanne mit etwas Olivenöl erhitzen und die geschnittenen Tomaten für 5 Minuten in der Pfanne scharf anbraten. Mit Essig, Salz und Pfeffer abschmecken. Abkühlen lassen.

Die Burrata in Scheiben schneiden.

Rucola putzen, waschen, mit einer Salatschleuder trocknen und mit der Hälfte des Dressings marinieren. Auf einem Teller Auberginenscheiben, Tomaten, Rucola und Burratascheiben abwechslungsweise aufeinanderschichten. Mit dem Basilikum und dem restlichen Dressing die Türmchen dekorieren.

Pastasalat mit Hühnchen

Für 4 Personen
Zubereitungszeit: 30 Minuten

Zutaten

180 ml italienisches Dressing

1 fertiges Grillhühnchen
250 g Fusilli oder Penne
½ Gurke
200 g Dattel-Tomaten
70 g Oliven ohne Stein
3 Radieschen
1 rote Paprika
1 EL Kapern
½ Kopf roter Eichblattsalat
Salz
Pfeffer

Zubereitung

Einen großen Topf Salzwasser aufkochen, die Pasta al dente kochen.

Währenddessen das Hühnchenfleisch von den Knochen zupfen. Die Hälfte in eine große Schüssel geben und die andere Hälfte separat zum Darübergeben zur Seite legen. Die Pasta zum gezupften Hühnchen geben und abkühlen lassen.

Die Gurke schälen und in dünne Scheiben schneiden. Tomaten waschen, putzen und vierteln. Die Oliven in einem Sieb abtropfen und halbieren. Radieschen putzen, waschen, halbieren und in feine halbmondförmige Scheiben schneiden. Die Paprika schälen und in 5 mm große Würfel schneiden.

Italienisches Dressing zubereiten.

Alle Zutaten bis und mit Kapern mit 100 ml italienischem Dressing in der großen Schüssel mischen und mit Salz und Pfeffer abschmecken. Eichblattsalat putzen, in grobe Stücke zupfen, waschen und in einer Salatschleuder trocknen. Mit dem restlichen Dressing anmachen und mit Salz und Pfeffer würzen. In eine große Schüssel geben und den Pastasalat und das Hühnchenfleisch darauf verteilen.

Rucola-Radicchio-Salat mit Trauben und Pumpernickel

Für 4 Personen
Zubereitungszeit: 20 Minuten

Zutaten

200 ml italienisches Dressing

2 Scheiben Pumpernickel
etwas Olivenöl zum Anbraten
Salz
Pfeffer
100 g Rucola
¼ Kopf Radicchio
je etwa 15 rote und weiße Trauben
etwas weißer Balsamicoessig
2 Radieschen
100 g Frischkäse
etwas frischer Estragon, gezupft

Zubereitung

Italienisches Dressing zubereiten.

Den Pumpernickel in 5 mm große Würfel schneiden und in einer kleinen Pfanne mit wenig Olivenöl knusprig anbraten. Die Croûtons mit etwas Salz und Pfeffer würzen und auf einem Küchentuch auskühlen lassen.

Radicchio in Streifen schneiden. Rucola und Radicchio putzen, waschen und gut abtropfen. Die Trauben halbieren und mit dem Essig marinieren. Die Radieschen waschen, putzen und in feine Scheiben schneiden.

Den Salat mit dem Dressing anmachen, nach Belieben mit etwas Salz und Pfeffer würzen. Auf Tellern anrichten.

Die Trauben darübergeben und jeweils 3 Löffel Frischkäse darauf verteilen.

Croûtons, Radieschen und den Estragon über den Salat geben.

Melonensalat mit Feta

Für 4 Personen
Zubereitungszeit: 30 Minuten

Zutaten

150 ml italienisches Dressing

3 frische Pfefferminzblätter
100 g Cherrytomaten
150 g Gurke
200 g Wassermelone
200 g Honigmelone
200 g Galiamelone
60 ml weißer Balsamicoessig
Salz
Pfeffer
100 g Rucola
150 g Feta
8 frische Basilikumblätter

Zubereitung

Italienisches Dressing zubereiten und die Pfefferminzblätter mit dem Stabmixer unter das Dressing mixen.

Die Tomaten waschen, putzen, vierteln und in eine große Schüssel geben.

Gurke schälen, vierteln und schräg das Kerngehäuse herausschneiden. Die Gurke in 1 cm große Stücke schneiden und zu den Tomaten geben.

Alle drei Melonen schälen, entkernen und in Würfel schneiden. Mit dem Essig sowie etwas Salz und Pfeffer in die Schüssel geben und einmal gut mischen.

In der Zwischenzeit den Rucola putzen, waschen und in einer Salatschleuder trocknen. Den Salat mit dem Dressing mischen, mit Salz und Pfeffer etwas abschmecken und auf Tellern anrichten.

Die Melonen-Tomaten-Gurken-Mischung darauf verteilen und den Feta über den Salat bröseln.

Zum Schluss die Basilikumblätter über den Salat streuen.

Spinatsalat mit Parmesanchips

Für 4 Personen
Zubereitungszeit: 30 Minuten

Zutaten

200 ml italienisches Dressing

100 g Parmesan am Stück
150 g Blattspinat
etwas Olivenöl
Salz
Pfeffer
100 g Champignons
etwas weißer Balsamicoessig
4 Radieschen
10 Zweige frischer Kerbel
80 g Sprossen

Zubereitung

Italienisches Dressing zubereiten.

Backofen auf 200 Grad (Umluft) vorheizen. Den Parmesan fein reiben. Den Käse kreisförmig auf ein mit Backpapier belegtes Blech streuen. Die Kreise sollten einen Durchmesser von etwa 8 cm haben. In der Ofenmitte ca. 5 Minuten backen. Parmesanchips auf einem Gitter auskühlen lassen.

Den Spinat putzen, waschen und in einer Salatschleuder trocknen.

Eine mittelgroße Pfanne mit etwas Olivenöl erhitzen, den Spinat rasch einrühren. Mit Salz und Pfeffer würzen. Sobald der Spinat zerfallen ist, auf Teller verteilen und auskühlen lassen.

Die Champignons putzen und in feine Scheiben schneiden, in eine Schüssel geben und mit etwas Essig, Salz und Pfeffer marinieren.

Die Radieschen putzen, waschen, halbieren und in feine Scheiben schneiden.

Den Kerbel zupfen, zusammen mit den Sprossen waschen und in einer Salatschleuder trocknen.

Das Dressing über den Spinat geben, darauf die marinierten Champignons verteilen. Die Parmesanchips mit Sprossen, Kerbel und Radieschen auf die Salate anrichten.

Italienischer Bohnensalat

Für 4 Personen
Vorbereitungszeit: 12 Stunden
Zubereitungszeit: 3 Stunden

Zutaten

150 g italienisches Dressing

200 g getrocknete Cannellini-Bohnen
150 g grüne Bohnen
100 g Champignons
etwas Olivenöl zum Anbraten
Salz
Pfeffer
4 getrocknete Tomaten
4 frische Dattel-Tomaten oder 1 große Tomate à 120 g
2 Radieschen
40 g Taggiasca-Oliven
½ Kopf Lollo bianco
2 Zweige glatte Petersilie

Zubereitung

Die weißen Bohnen über Nacht in reichlich kaltem Wasser einweichen, am nächsten Tag abgießen und nochmals waschen. In einen tiefen Topf geben, etwas salzen und mit kaltem Wasser aufgießen, sodass die Bohnen mit etwa 3 cm Wasser bedeckt sind. Einmal aufkochen, danach die Temperatur auf die kleinste Stufe stellen und für etwa 2 Stunden leicht siedend köcheln, bis die Bohnen weich sind. Abgießen, in eine große Schüssel geben und kalt werden lassen.

Italienisches Dressing zubereiten.

Die grünen Bohnen putzen, waschen, halbieren und in siedendem Salzwasser knackig garen. In gesalzenem Eiswasser abschrecken, abgießen und mit den weißen Bohnen vermengen.

Zwischenzeitlich die Champignons putzen und halbieren. Eine Pfanne erhitzen, wenig Olivenöl dazugeben und die Pilze mit etwas Salz und Pfeffer scharf anbraten. Sobald die Champignons gar sind, unter die weißen Bohnen mischen. Die Bohnen-Pilz-Mischung für ein paar Minuten kühl stellen.

Nun die getrockneten Tomaten in längliche Streifen schneiden.

Die frischen Tomaten und die Radieschen putzen, waschen und in dünne Scheiben schneiden.

Die Oliven abtropfen und halbieren.

Den Lollo bianco und die Petersilie putzen, in grobe Stücke schneiden, waschen und in einer Salatschleuder trocknen.

Salat, Tomaten, Radieschen, Oliven und das italienische Dressing über die Bohnen-Pilz-Mischung geben. Behutsam vermengen und mit Salz und Pfeffer abschmecken.

Tipp
Die frischen Cannellini-Bohnen mit Bohnen aus der Dose ersetzen, dadurch fällt das Einweichen über Nacht weg und die Zubereitungszeit verringert sich um ½ Stunde.

Salanova mit Pfirsich und Burrata

Für 4 Personen
Zubereitungszeit: 20 Minuten

Zutaten

200 ml italienisches Dressing

12 dünne Scheiben Baguette
etwas Olivenöl
Salz
Pfeffer
50 ml weißer Balsamicoessig
½ rote Zwiebel
1 Pfirsich
2 Burrata
2 Köpfe Salanova
1 Handvoll geschälte Mandeln
3 frische Pfefferminzblätter

Zubereitung

Italienisches Dressing zubereiten.

Eine kleine Pfanne mit etwas Olivenöl erhitzen. Die Brotscheiben in der Pfanne auf beiden Seiten knusprig anbraten. Mit Salz und Pfeffer leicht würzen und auf einem Küchentuch auskühlen lassen.

Währenddessen einen kleinen Topf mit Essig erhitzen, die Zwiebel in feine Streifen schneiden und im Essig weich kochen. Abkühlen lassen und beiseitestellen.

Den Pfirsich waschen, entkernen und in Würfel schneiden.

Die Burrata halbieren und mit etwas Olivenöl beträufeln.

Die äußeren Blätter des Salanova putzen, im Ganzen waschen, in grobe Stücke zupfen und in einer Salatschleuder trocknen.

Den Salat mit dem Dressing marinieren und auf Tellern anrichten. In die Mitte die Burrata legen. Zwiebel, Pfirsich, Mandeln und Brotscheiben über den Salat verteilen.

Pfefferminzblätter mit einem Messer in feine Streifen schneiden und über den Salat streuen.

Rucola im Croûton-Ballon

Für 4 Personen
Zubereitungszeit: 80 Minuten

Zutaten

Für 10 Ballonbrote
10 g frische Hefe
500 g Weizenmehl
11 g Salz
350 g Wasser

Für die Füllung
100 ml italienisches Dressing

200 g Tomaten
80 g Rucola
Salz
Pfeffer

Zubereitung

Die Hefe mit den Fingerspitzen in das Mehl reiben. Salz und Wasser zugeben. Die Zutaten in einer Schüssel für etwa 10 Minuten vermengen, bis sie sich zu einem glatten Teig verbunden haben.

Den Teig mit einem Tuch zugedeckt in einer Schüssel 30 Minuten gehen lassen. Dann den Teig mit einer Teigkarte aus der Schüssel heben und in Stücke von etwa 40 g teilen. Die Teigstücke zu kleinen Bällchen formen, mit einem Küchentuch bedecken und nochmals ca. 8 Minuten ruhen lassen. Dabei immer mit ausreichend Mehl arbeiten.

Achtung: Es dürfen keine Teigreste auf der Arbeitsfläche oder auf dem Teigroller kleben – sobald irgendwo Eindrücke entstehen oder alter Teig ins Brot gelangt, geht der Ballon nicht auf.

Die Arbeitsfläche gut mit Mehl bestäuben. Den Teig zu runden, ca. 1–2 mm dünnen Scheiben ausrollen. Dabei immer gut mehlen. Den Ofen auf 250 Grad (Ober- und Unterhitze) vorheizen. Auf einem mit Backpapier belegten Blech immer zwei Teiglinge für ca. 3–4 Minuten in der Ofenmitte backen. Der Teig sollte rasch aufgehen. Die Ballons sind fertig, sobald sie goldbraun sind und hohl klingen, wenn man auf die Unterseite klopft.

Sofort auf der Unterseite der noch warmen Ballons ein rundes Loch mit einer Schere schneiden. Das Loch sollte so groß sein, dass der Salat hindurch passt (ca. 3–4 cm). Ballon erst kurz vor dem Servieren befüllen.

Italienisches Dressing zubereiten.

Die Tomaten putzen, waschen, vierteln und in eine Schüssel geben.

Rucola putzen, waschen, in einer Salatschleuder trocknen mischen und mit Salz und Pfeffer würzen. Vorsichtig den Salat in die Croûton-Ballons füllen.

Arancini mit Rucola

Für 4 Personen
Zubereitungszeit: 3 ½ Stunden

Zutaten

Für die Arancini
3 TL Zwiebelkonfit
120 g Risottoreis, zum Beispiel Carnaroli
1 Briefchen Safran
100 ml trockener Weißwein
100 ml Wermut, zum Beispiel Noilly Prat
300 ml Geflügelbouillon
800 ml Wasser
30 g Butter
30 g Parmesan
1 EL Mascarpone
Salz
Pfeffer
120 g Mozzarella
50 g Erbsen
30 g getrocknete Tomaten
4 frische Basilikumblätter

Für die Panade
3 EL Mehl
200 g Paniermehl
3 Eier
Sonnenblumen- oder Rapsöl zum Frittieren

Für den Rucola
150 ml italienisches Dressing

200 g Dattel-Tomaten oder Cherrytomaten
etwas Olivenöl
3 EL weißer Balsamicoessig
Salz
Pfeffer
100 g Rucola

Zubereitung

Für das Risotto das Zwiebelkonfit in einen mittleren Topf geben und erwärmen. Reis und Safran beigeben und mitdünsten. Mit Weißwein ablöschen, unter Rühren fast vollständig einkochen. Wermut dazugeben und unter Rühren wieder fast ganz einreduzieren. Nach und nach die Bouillon und das Wasser hinzufügen und den Reis unter ständigem Rühren bei kleinster Hitze knapp bissfest garen. Butter, Parmesan und Mascarpone unterrühren. Mit Salz und Pfeffer würzen. Alles gut durchmischen, dann das Risotto auf einem flachen Tablett ausbreiten, mit Plastikfolie bedecken und vollständig im Kühlschrank auskühlen lassen.

Während der Reis abkühlt, den Mozzarella in Würfel schneiden und mit den Erbsen in eine große Schüssel geben.

Die getrockneten Tomaten und das Basilikum fein hacken. Zusammen mit dem abgekühlten Risotto zum Mozzarella in die Schüssel geben und alles gut vermengen. Mit Salz und Pfeffer abschmecken. Mit angefeuchteten Händen die Risottomischung jeweils zu etwa golfballgroßen Bällchen formen. Die Arancini ca. 30 Minuten im Kühlschrank ruhen lassen.

Die Zutaten fürs Panieren vorbereiten. Die Arancini erst in Mehl wälzen, dann in etwas verquirltes Ei tunken und zum Schluss mit Paniermehl ummanteln. Einen Topf mit etwas Pflanzenöl auf 180 Grad erhitzen oder Temperatur überprüfen, indem man einen Holzlöffel in das Fett hält. Sobald Blasen aufsteigen, ist das Fett heiß genug. Die Arancini frittieren, bis sie knusprig und goldbraun sind.

Italienisches Dressing zubereiten.

Die Tomaten putzen, waschen und vierteln. Eine kleine Pfanne mit etwas Olivenöl erhitzen und die geschnittenen Tomaten für 5 Minuten scharf anbraten. Mit Essig, Salz und Pfeffer abschmecken.

Den Rucola putzen, waschen und trocknen. Den Salat mit dem Dressing marinieren, abschmecken und auf Teller verteilen. Die lauwarmen Tomaten auf dem Rucola anrichten und die goldenen Arancini daraufgeben.

Paprikasalat

Für 4 Personen
Zubereitungszeit: 45 Minuten

Zutaten

200 ml italienisches Dressing

2 EL Kapern, gehackt
1 rote Paprika
1 gelbe Paprika
1 orangene Paprika
2 EL weißer Balsamicoessig
Salz
Pfeffer
Olivenöl zum Anbraten
1 Aubergine
4 getrocknete Tomaten
2 frische Tomaten
2 dünne Scheiben Weißbrot
150 g Blattspinat

Zubereitung

Italienisches Dressing zubereiten und mit 1 EL gehackten Kapern mischen.

Alle Paprikas schälen, in feine Streifen schneiden, in einer Schüssel mit Essig und etwas Salz marinieren.

Die Aubergine mit einem Sparschäler schälen, in 1 cm große Würfel schneiden, mit etwas Salz für 20 Minuten marinieren (das entzogene Wasser kann abgegossen werden). Eine mittelgroße Pfanne erhitzen, etwas Olivenöl zugeben und die Aubergine goldbraun anbraten. Danach in eine große Schüssel geben und auskühlen lassen.

In der Zwischenzeit die getrockneten Tomaten fein hacken, die frischen Tomaten putzen, waschen, halbieren, in dünne Scheiben schneiden und mit den restlichen Kapern zur Aubergine geben. Mit Salz und Pfeffer würzen, 50 ml Dressing hinzufügen und alles einmal mischen.

Eine kleine Pfanne mit etwas Olivenöl erhitzen. Das Brot in kleine Stücke schneiden, in der Pfanne auf allen Seiten zu knusprigen Croûtons rösten. Mit Salz und Pfeffer leicht würzen und auf einem Küchentuch auskühlen lassen.

Spinat putzen, waschen und in einer Salatschleuder trocknen.

Den Spinat mit dem restlichen Dressing marinieren und auf Tellern anrichten. In die Mitte den Auberginensalat geben. Die Paprikastreifen und die Croûtons über den Salat verteilen.

Spinatsalat mit Erdbeeren und Gurke

Für 4 Personen
Zubereitungszeit: 20 Minuten

Zutaten

200 ml italienisches Dressing

2 Scheiben Weißbrot
etwas Olivenöl
Salz
Pfeffer
150 g Salatspinat
300 g Erdbeeren
1 Gurke
3 Radieschen
40 g rote Sprossen

Zubereitung

Italienisches Dressing zubereiten.

Eine kleine Pfanne mit etwas Olivenöl erhitzen. Das Brot in kleine Stücke zupfen, in der Pfanne auf allen Seiten zu knusprigen Croûtons rösten. Mit Salz und Pfeffer leicht würzen und auf einem Küchentuch auskühlen lassen.

Den Spinat putzen, waschen und in einer Salatschleuder trocknen.

Die Erdbeeren putzen, waschen, den Strunk entfernen und die Erdbeeren vierteln.

Die Enden der Gurke abschneiden, mit einem Sparschäler die Schale entfernen und in einer separaten Schüssel die Gurke bis zu den Kernen rundherum weiterschälen, sodass es schön lange Streifen gibt. Mit ca. 50 ml Dressing und etwas Salz und Pfeffer marinieren.

Die Radieschen waschen, jeweils die Enden abschneiden, halbieren und in dünne Scheiben schneiden. In eine kleine Schale mit etwas Wasser geben.

Spinat mit dem restlichen Dressing anmachen und auf Tellern anrichten. Darauf die marinierten Gurken geben. Erdbeeren, Croûtons, Radieschen und Sprossen gleichmäßig auf die Teller verteilen.

Toskanischer Kartoffelsalat

Für 4 Personen
Zubereitungszeit: 1 Stunde

Zutaten

Für die Rotweinzwiebeln
100 g Schalotten
100 ml Rotweinessig
100 ml Rotwein
100 ml Wasser
75 g Zucker
1 Lorbeerblatt
3 Pfefferkörner
1 TL Salz

Für den Salat
150 ml italienisches Dressing

1 Spitzpaprika
500 g festkochende Kartoffeln
100 ml Geflügel-, oder Gemüsebouillon
150 g grüne Bohnen
1 EL Zwiebelkonfit
2 Zweige glatte Petersilie, gehackt
1 TL frischer Oregano, gehackt
Salz
Pfeffer
3 Scheiben Baguette oder Focaccia
etwas Olivenöl zum Anbraten
½ Kopf roter Batavia
50 g Ricotta

Zubereitung

Den Ofen auf 180 Grad (Umluft) vorheizen und die Paprika für ca. 25 Minuten garen. Aus dem Ofen nehmen und etwas abkühlen lassen. Dann der Paprika die Haut abziehen, die Kerne entfernen und die Paprika in feine, längliche Streifen schneiden.

Italienisches Dressing zubereiten.

Für die Rotweinzwiebeln die Schalotten schälen. Essig, Wein, Wasser, Zucker und die Gewürze in einem kleinen Topf aufkochen. Die Schalotten hinzufügen und für ca. 15 Minuten kochen. Diese sollten noch knackig sein. Beiseitestellen und auskühlen lassen.

Die Kartoffeln in Salzwasser für etwa 20–30 Minuten garen. Kurz mit kaltem Wasser abspülen und noch warm schälen. In Scheiben schneiden und in eine große Schüssel geben. Bouillon in einem kleinen Topf aufkochen und über die Kartoffeln geben. Ca. 20 Minuten ziehen lassen und ab und zu schwenken.

Bohnen putzen, waschen, halbieren und in siedendem Salzwasser knackig garen. In gesalzenem Eiswasser abschrecken. Das Wasser abgießen und die Bohnen zu den Kartoffeln geben. 50 ml italienisches Dressing, Zwiebelkonfit, Paprika, Kräuter, etwas Salz und Pfeffer unter die Kartoffel-Bohnen-Mischung mischen.

Währenddessen eine kleine Pfanne mit etwas Olivenöl erhitzen. Das Brot in kleine Stücke zupfen und in der Pfanne auf allen Seiten zu knusprigen Croûtons rösten. Mit Salz und Pfeffer leicht würzen und auf einem Küchentuch auskühlen lassen.

Den Batavia putzen und in grobe Stücke zupfen. Die Salatblätter in frischem Wasser waschen und in einer Salatschleuder trocknen. Mit dem restlichen Dressing anmachen, mit Salz und Pfeffer würzen. Auf einen Teller verteilen und den Kartoffelsalat daraufgeben.

Die kalten Schalotten achteln. Mit dem Ricotta und den Croûtons über den Salat geben.

Zucchini-Tomaten-Salat mit Burrata

Für 4 Personen
Zubereitungszeit: 20 Minuten

Zutaten

100 ml italienisches Dressing

2 Zucchini
etwas Olivenöl
Salz
Pfeffer
200 g Dattel-Tomaten oder Cherrytomaten
2 Burrata
4 frische Basilikumblätter
4 TL Zwiebelkonfit
etwas Balsamicoessig

Zubereitung

Italienisches Dressing zubereiten.

Die Zucchini putzen, waschen und längs in dünne Streifen schneiden. Eine große Pfanne mit etwas Olivenöl erhitzen und die Zucchini von allen Seiten gut anbraten. Mit etwas Salz und Pfeffer würzen und in einer Schüssel auskühlen lassen.

Die Tomaten waschen und vierteln. Unter die abgekühlten Zucchini mischen und mit dem Dressing marinieren.

Die Burrata halbieren und das Basilikum in feine Streifen schneiden. Die Tomaten-Zucchini-Mischung auf Tellern anrichten, Burratahälften darauf platzieren und je einen TL Zwiebelkonfit dazugeben. Basilikum und je einen TL Essig und ÖL auf die Burrata verteilen.

«Verschiedene Texturen machen einen salat erst zu einem vollendeten gericht.»

Orangen-Fenchel-Salat

Für 4 Personen
Zubereitungszeit: 30 Minuten

Zutaten

Für die Rotweinzwiebeln
100 g Schalotten
100 ml Rotweinessig
100 ml Rotwein
100 ml Wasser
75 g Zucker
1 Lorbeerblatt
3 Pfefferkörner
1 TL Salz

Für den Salat
150 ml italienisches Dressing

2 Orangen
1 Fenchelknolle à 250 g
½ Kopf Radicchio di Verona
½ Kopf Romana-Salat
Salz
Pfeffer
etwas Balsamicoessig
3 frische Basilikumblätter

Zubereitung

Italienisches Dressing zubereiten.

Die Schalotten mit einem Messer schälen. Essig, Wein, Wasser, Zucker und Gewürze in einem kleinen Topf aufkochen. Die Schalotten zugeben und für ca. 15 Minuten kochen. Sie sollten noch knackig sein. Beiseitestellen und auskühlen lassen.

Orangen filetieren: Die Enden der Orange abschneiden, bis das Fruchtfleisch zu sehen ist. Die Orange auf die Unterseite stellen und die gesamte Schale mit einem scharfen Messer von oben nach unten herunterschneiden, bis die weiße Haut vollständig entfernt ist. Die einzelnen Segmente mit einem Messer herausschneiden und in eine kleine Schüssel geben. Den restlichen Saft von Hand aus der Orange pressen und in eine große Schüssel geben.

Die Fenchelknolle waschen, putzen und den Strunk entfernen. Mit einem Messer vierteln und gegen die Faser in feine Streifen schneiden. In die große Schüssel zum Orangensaft geben, vermengen und mit Salz und Pfeffer würzen.

Radicchio und Romana-Salat putzen, in grobe Stücke schneiden, waschen und in einer Salatschleuder trocknen.

Die kalten Schalotten achteln und mit dem italienischen Dressing, dem Salat und den Orangenfilets unter den Fenchel rühren. Mit Salz, Pfeffer und Balsamicoessig abschmecken. Basilikum in feine Streifen schneiden und über den Salat geben.

Griechischer Salat

Für 4 Personen
Zubereitungszeit: 35 Minuten

Zutaten

200 ml italienisches Dressing

2 große Auberginen
etwas Olivenöl
Salz
Pfeffer
½ rote Zwiebel
180 g gekochte Kichererbsen
2 TL Zwiebelkonfit
2 Scheiben Weißbrot
100 g Feta
200 g Tomaten
80 g Rucola
140 g gemischte Oliven
2 Zweige Petersilie

Zubereitung

Den Ofen auf 190 Grad (Umluft) vorheizen. Die Auberginen waschen, putzen, der Länge nach halbieren und in 4 Teile schneiden. Mit Olivenöl, Salz und Pfeffer bestreichen und auf einem mit Backpapier belegten Blech in der Ofenmitte 20–25 Minuten goldbraun backen.

Italienisches Dressing zubereiten.

Die Zwiebel in feine Streifen schneiden, mit Wasser abspülen und für 30 Minuten in Wasser einlegen, damit sie die Schärfe verliert.

¾ der Kichererbsen in einen Mixbecher geben, mit dem Zwiebelkonfit, etwas Olivenöl, 50 ml Dressing sowie Salz und Pfeffer zu einem Püree mixen.

Eine kleine Pfanne mit etwas Olivenöl erhitzen. Das Brot in kleine Stücke brechen, in der Pfanne auf allen Seiten zu knusprigen Croûtons rösten. Mit Salz und Pfeffer leicht würzen und auf einem Küchentuch auskühlen lassen.

Den Feta in kleine Streifen schneiden. Die Tomaten putzen, waschen, vierteln und beiseitestellen. Rucola putzen, waschen und in einer Salatschleuder trocknen.

Das Kichererbsenpüree auf Teller verteilen, die Auberginen darauf anrichten. Den Salat, die Tomaten, die Oliven und die restlichen Kichererbsen mit dem übrigen Dressing marinieren und über die Auberginen geben.

Die Petersilie grob hacken, mit Zwiebeln, Feta und Croûtons über den Salat verteilen.

BOX 29

Gemüse-Bruschette

Für 4 Personen
Zubereitungszeit: 30 Minuten

Zutaten

100 ml italienisches Dressing

etwas Olivenöl zum Anbraten
4 große Pimentos
200 g Champignons
1 gelbe Paprika
1 rote Paprika
15 Dattel-Tomaten
4 Zweige frischer Oregano
4 Zweige frischer Rosmarin
Salz
Pfeffer
2 Burrata
4 große Scheiben Brot

Zubereitung

Italienisches Dressing zubereiten.

Alle Gemüse putzen und waschen. Champignons und Tomaten vierteln, Paprika schälen und in grobe Stücke schneiden.

In einer großen Pfanne etwas Olivenöl erhitzen. In das heiße Öl die Pimentos und die geschnittenen Paprikas geben. Die Champignons und etwas Salz und Pfeffer hinzufügen. Tomaten und Kräuter unterheben und für 5 Minuten anbraten.

Das Gemüse in eine Schüssel geben und das Dressing beifügen, durchmischen und auskühlen lassen.

Eine große Pfanne erhitzen, Olivenöl zugeben und die Brote auf beiden Seiten knusprig rösten. Mit Salz und Pfeffer leicht würzen.

Brote auf Teller geben, die Burrata halbieren, auf die Brote legen. Zum Schluss den kalten Gemüsesalat auf die Bruschette verteilen.

Babyromana mit Zucchini, Champignons und Radieschen

Für 4 Personen
Zubereitungszeit: 20 Minuten

Zutaten

150 ml italienisches Dressing

2 Zucchini
etwas Olivenöl zum Anbraten
Salz
Pfeffer
1 Zweig frischer Rosmarin, gehackt
200 g Champignons
4 Radieschen
2 Baby-Romanasalate

Zubereitung

Italienisches Dressing zubereiten.

Die Zucchini waschen, jeweils die Enden abschneiden und längs mit einem Messer in Streifen von 5 mm Dicke schneiden. Diese in einer heißen Pfanne mit etwas Olivenöl für ca. 5 Minuten von beiden Seiten scharf anbraten. Mit Salz, Pfeffer und gehacktem Rosmarin würzen und auf einem Teller auskühlen lassen.

Champignons putzen und vierteln. In der gleichen Pfanne mit etwas Olivenöl, Salz und Pfeffer scharf anbraten und auf einem Teller auskühlen lassen.

Die Radieschen waschen, putzen, halbieren und in feine Scheiben schneiden.

Den Baby-Romanasalat putzen, in grobe Stücke zupfen, waschen und in einer Salatschleuder trocknen. Mit dem italienischen Dressing marinieren, mit Salz und Pfeffer würzen und auf Tellern anrichten.

Darauf jeweils Zucchini, Champignons und Radieschen gleichmäßig verteilen.

Gemischter Pilzsalat

Für 4 Personen
Zubereitungszeit: 20 Minuten

Zutaten

200 ml italienisches Dressing

120 g Frischkäse
2 TL Zwiebelkonfit
Salz
Pfeffer
250 g gemischte Pilze
etwas Olivenöl zum Anbraten
20 g Butter
12 Walnüsse
2 Radieschen
2 weiße Champignons
3 Scheiben Pumpernickel
60 g Ackersalat

Zubereitung

Italienisches Dressing zubereiten.

Den Frischkäse in einer kleinen Schüssel mit Zwiebelkonfit, Salz und Pfeffer gut verrühren.

Die gemischten Pilze putzen, wenn nötig, waschen und trocknen. Eine große Pfanne erhitzen, etwas Olivenöl und die Butter zugeben und die Pilze für 5 Minuten scharf anbraten. Mit Salz und Pfeffer würzen. Beiseitelegen und abkühlen lassen.

Ofen auf 180 Grad (Umluft) vorheizen. Die Walnüsse auf einem mit Backpapier belegten Blech in der Mitte des Ofens 6 Minuten rösten. Auskühlen lassen.

Zwischenzeitlich die Radieschen und die Champignons putzen, waschen und in feine Scheiben schneiden.
Die Radieschen bis zur weiteren Verwendung in Wasser legen. Die Champignons mit einem feuchten Tuch bedecken.

Eine kleine Pfanne mit etwas Olivenöl erhitzen. Den Pumpernickel in kleine Stücke brechen, in der Pfanne auf allen Seiten zu knusprigen Croûtons rösten. Mit Salz und Pfeffer leicht würzen und auf einem Küchentuch auskühlen lassen.

Ackersalat putzen, waschen und in einer Salatschleuder trocknen.

In der Mitte der Teller den Frischkäse verstreichen, das Dressing darüberträufeln. Die Pilze und den Ackersalat abwechselnd darauf verteilen. Radieschen, Champignons, Walnüsse und Croûtons über den Salat geben.

Französisches Dressing

Basisrezept Französisches Dressing

Ergibt ca. 750 ml
Zubereitungszeit: 10 Minuten

Zutaten

2 EL Zwiebelkonfit
100 ml weißer Balsamicoessig
180 ml Geflügel- oder Gemüsebouillon
1 EL Rohzucker
1 TL Senf
1 TL Salz und etwas Salz zum Abschmecken
½ TL Pfeffer
150 ml Sonnenblumenöl
150 ml Olivenöl
100 ml Rahm oder Kokosmilch

Zubereitung

Zwiebelkonfit, Essig, Bouillon, Rohzucker, Senf, Salz und Pfeffer in eine große Schüssel geben. Mit dem Stabmixer fein pürieren. Den Stabmixer weiterlaufen lassen und zuerst das Sonnenblumenöl, dann das Olivenöl langsam dazugießen. Rahm oder Kokosmilch zugeben und nochmals mixen, bis es eine cremige Sauce gibt.

Lagerung
Das Dressing in saubere, heiß ausgespülte Flaschen abfüllen und im Kühlschrank aufbewahren. Vor Gebrauch gut schütteln. Das Dressing ist im Kühlschrank ca. 10 Tage haltbar.

Tipp
Das Dressing kann mit frischen Kräutern wie Schnittlauch, Petersilie, Oregano und Estragon oder mit Eigelb und vielem mehr verfeinert werden.

Chicorée mit Brokkoli und Walnüssen

Für 4 Personen
Zubereitungszeit: 30 Minuten

Zutaten

200 ml französisches Dressing

100 g Walnüsse
8 Chicorée
2 TL Honig
4 EL Wasser
etwas Olivenöl zum Anbraten
300 g Brokkoliröschen
etwas weißer Balsamicoessig
Salz
Pfeffer

Zubereitung

Backofen auf 180 Grad (Umluft) vorheizen. Die Walnüsse auf einem mit Backpapier belegten Blech in der Mitte des Ofens 6 Minuten rösten. Auskühlen lassen.

Französisches Dressing zubereiten und mit dem Stabmixer die Hälfte der Walnüsse untermixen. Falls das Dressing zu dick werden sollte, mit etwas Bouillon verdünnen.

Den Chicorée waschen und mit einem Tuch trocken tupfen. Mit einem Messer halbieren. Wer mag, kann die Strünke wegschneiden. Eine Pfanne, in die alle Chicoréehälften hineinpassen, erhitzen und etwas Olivenöl dazugeben. Den Chicorée in die Pfanne geben und mit etwas Salz und Pfeffer würzen. Leicht von beiden Seiten anbraten, Honig dazugeben und mit 4 EL Wasser ablöschen. Den Chicorée aus der Pfanne nehmen und auskühlen lassen.

Einen Topf mit etwas Salzwasser zum Blanchieren aufsetzen, den geputzten Brokkoli bissfest garen und anschließend in kaltem Salzwasser abschrecken. In einer Schüssel den Brokkoli mit dem Essig und etwas Salz und Pfeffer marinieren.

Den Chicorée auf Teller verteilen und mit dem Dressing beträufeln. Brokkoli und Walnüsse auf dem Salat arrangieren.

Tipp
Für eine Variante mit Fleisch die Chicoréehälften vor dem Anbraten mit Speck umwickeln.

Caesar Salad

Für 4 Personen
Zubereitungszeit: 30 Minuten

Zutaten

200 ml französisches Dressing

1 El Kapern
2 Sardellen
1 Eigelb
80 ml Geflügel- oder Gemüsebouillon
3 EL Parmesan, gehobelt
2 Scheiben Weißbrot
Salz
Pfeffer
4 Baby-Romanasalate
etwas Parmesan, gehobelt, zum Garnieren

Zubereitung

Französisches Dressing zubereiten und mit dem Stabmixer Kapern, Sardellen, Eigelb, Bouillon und Parmesan daruntermixen.

Währenddessen eine kleine Pfanne mit etwas Olivenöl erhitzen. Das Brot in grobe Würfel schneiden und in der Pfanne auf allen Seiten zu knusprigen Croûtons rösten. Mit Salz und Pfeffer leicht würzen und auf einem Küchentuch auskühlen lassen.

Romanasalate putzen, in frischem Wasser waschen und in einer Salatschleuder trocknen. Mit dem Dressing mischen, mit Salz und Pfeffer etwas würzen. Den Salat auf Tellern anrichten, Croûtons und Parmesan darüber verteilen.

Quinoasalat mit Zuckererbsen und Granatapfel

Für 4 Personen
Zubereitungszeit: 30 Minuten

Zutaten

200 ml französisches Dressing

250 g Quinoa
2 EL Pistazien
100 g Granatapfelkerne
12 Stück Zuckererbsen
etwas weißer Balsamicoessig
Salz
Pfeffer
2 Baby-Romanasalate
2 Radieschen
etwas Olivenöl

Zubereitung

Die Quinoakörner kalt waschen und in der doppelten Menge Wasser ca. 10 Minuten kochen lassen, bis sich der weiße Keimling vom Korn löst. Danach noch etwa 5 Minuten weiterquellen lassen. Mit Salz und Pfeffer etwas würzen und zum Auskühlen beiseitestellen.

Backofen auf 180 Grad (Umluft) vorheizen. Die Pistazien auf einem mit Backpapier belegten Blech in der Mitte des Ofens 6 Minuten rösten. Auskühlen lassen.

Französisches Dressing zubereiten und mit dem Stabmixer 30 g Granatapfelkerne untermixen.

Einen Topf mit etwas Salzwasser zum Blanchieren aufsetzen, Zuckererbsen bissfest garen und im kalten Salzwasser abschrecken. Zuckererbsen halbieren und in einer Schüssel mit dem Essig, etwas Salz und Pfeffer marinieren.

Die Romanasalate putzen, waschen, mit einem Messer halbieren und in einer Salatschleuder trocknen.

Die Radieschen putzen, waschen und in feine Scheiben schneiden. Anschließend bis zur weiteren Verwendung in Wasser legen.

Quinoa auf Teller verteilen, Romanasalat darauf anrichten und das Granatapfeldressing über den Salat geben.

Zuckererbsen, restliche Granatapfelkerne, Radieschen und Pistazien gleichmäßig über den Salat verteilen und mit wenig Olivenöl beträufeln.

Gemischter Salat

Für 4 Personen
Zubereitungszeit: 20 Minuten

Zutaten

250 ml französisches Dressing

180 g gemischte Salatblätter
50 g gemischte Sprossen
200 g bunt gemischte Cherrytomaten
1 Karotte
1 Nostrano-Gurke
1 Spitzpaprika
etwas frische Petersilie

Zubereitung

Französisches Dressing zubereiten.

Die Salatblätter und die Sprossen putzen, waschen, in einer Salatschleuder trocknen und in eine große Schüssel geben.

Tomaten waschen und halbieren. Karotte schälen und mit einem Sparschäler längs in dünne Streifen schneiden. Gurke schälen und in Scheiben schneiden. Spitzpaprika waschen, in Streifen schneiden und zusammen mit den Tomaten, den Karottenstreifen und den Gurkenscheiben zum Salat geben.

Die Petersilie waschen und in den Salat zupfen. Dressing über den Salat geben. Alles einmal gut mischen und den Salat auf Teller verteilen.

Orientalischer Rote-Bete-Salat mit Kichererbsen und Feta

Für 4 Personen
Zubereitungszeit: 30 Minuten

Zutaten

150 ml französisches Dressing

4 gekochte Rote Bete
3 EL Frischkäse
1 EL Zwiebelkonfit
Salz
Pfeffer
120 g Feta
100 g gekochte Kichererbsen
4 frische Pfefferminzblätter
1 TL orientalisches Gewürz, zum Beispiel Ras el Hanout
etwas Olivenöl

Zubereitung

Französisches Dressing zubereiten.

Die gekochte Rote Bete durch eine Reibe in eine große Schüssel reiben. Mit Frischkäse, Zwiebelkonfit, 50 ml Dressing, Salz und Pfeffer mischen und auf Tellern anrichten.

Den Feta in feine Würfel schneiden und auf dem Rote-Bete-Salat platzieren.

Kichererbsen darübergeben, das restliche Dressing um den Rote-Bete-Salat träufeln.

Pfefferminzblätter in feine Streifen schneiden und mit dem orientalischen Gewürz über den Rote-Bete-Salat geben. Zum Schluss einige Tropfen Olivenöl darüberträufeln.

Orangen-Romana-Salat

Für 4 Personen
Zubereitungszeit: 20 Minuten

Zutaten

200 ml französisches Dressing

1 TL Fenchelsamen
4 Baby-Romanasalate
4 Orangen
etwas frischer Estragon

Zubereitung

Französisches Dressing zubereiten, mit den Fenchelsamen abschmecken und nochmals mixen.

Baby-Romanasalate putzen, vierteln, die Strünke entfernen, waschen und in einer Salatschleuder trocknen. Den Salat auf Teller verteilen.

Orangen filetieren: Die Enden der Orange abschneiden, bis das Fruchtfleisch zu sehen ist. Orange auf die Unterseite stellen und die gesamte Schale mit einem scharfen Messer von oben nach unten herunterschneiden, bis die weiße Haut vollständig entfernt ist. Die einzelnen Segmente mit einem Messer herausschneiden, halbieren und über den Salat geben. Den restlichen Orangensaft von Hand über den Salat pressen.

Den gezupften Estragon über den Salat streuen.

Das Dressing in eine Schüssel füllen und separat dazureichen.

Frisée mit Karotten und Orangen

Für 4 Personen
Zubereitungszeit: 50 Minuten

Zutaten

250 ml französisches Dressing

4 Karotten
½ Kopf Frisée
2 Orangen
2 Zweige frischer Estragon
Salz
Pfeffer

Zubereitung

Einen Topf mit etwas Salzwasser zum Blanchieren aufsetzen, 3 ganze Karotten bissfest garen und im kalten Salzwasser abschrecken. Karotten schälen und in gleich große Stücke schneiden.

Französisches Dressing zubereiten.

Den Frisée putzen, in grobe Stücke schneiden, waschen, in einer Salatschleuder trocknen und auf Tellern anrichten. Gekochte Karotten darauf verteilen.

Orangen filetieren: Die Enden der Orange abschneiden, bis das Fruchtfleisch zu sehen ist. Orange auf die Unterseite stellen und die gesamte Schale mit einem scharfen Messer von oben nach unten herunterschneiden, bis die weiße Haut vollständig entfernt ist. Die einzelnen Segmente mit einem Messer herausschneiden. Orangenfilets auf die Karotten geben.

Estragon über den Salat zupfen.

Die verbliebenen Karotten schälen und mit einer Reibe über den Salat reiben.

Das Dressing über den Salat gießen. Mit gemahlenem Pfeffer bestreuen.

Spargelsalat mit Zucchini und Tomaten

Für 4 Personen
Zubereitungszeit: 30 Minuten

Zutaten

200 ml französisches Dressing

8 Stangen weißer Spargel
Salz
Pfeffer
½ TL Zucker
etwas Olivenöl
60 g Parmesan
300 g Dattel-Tomaten oder Cherrytomaten
1 Zucchini
4 EL weißer Balsamicoessig
4 frische Basilikumblätter

Zubereitung

In einem großen Topf ausreichend Wasser mit ca. 2 TL Salz, ½ TL Zucker und 1 TL Olivenöl zum Kochen bringen. In der Zwischenzeit den Spargel schälen. Die holzigen Enden entfernen. Sobald das Wasser kocht, den Spargel einlegen und das Wasser noch einmal kurz aufkochen lassen. Danach sofort die Hitze reduzieren. Je nach Dicke der Spargelstangen ca. 10 Minuten ziehen lassen. Spargel herausnehmen und zum Auskühlen beiseitestellen.

Französisches Dressing zubereiten und mit dem Stabmixer 40 g Parmesan daruntermixen.

Die Tomaten putzen, waschen und vierteln. Eine kleine Pfanne mit etwas Olivenöl erhitzen und die geschnittenen Tomaten für 5 Minuten in der Pfanne scharf anbraten. Mit 2 EL weißem Essig, Salz und Pfeffer abschmecken. Abkühlen lassen.

Die Zucchini waschen, Enden wegschneiden und längs in dünne Streifen schneiden. In einer Schüssel mit 2 EL Essig, Salz und Pfeffer 5 Minuten marinieren.

Je 2 EL Dressing auf Teller verteilen. Die Spargelstangen halbieren und daraufgeben. Die Tomaten und die Zucchini über den Spargel verteilen. Mit etwas gehobeltem Parmesan und fein geschnittenem Basilikum dekorieren.

Kartoffelsalat mit Spargel und Spinat

Für 4 Personen
Zubereitungszeit: 40 Minuten

Zutaten

100 ml französisches Dressing

400 g festkochende Kartoffeln
100 ml Geflügel- oder Gemüsebouillon
8 Stangen weißer Spargel
Salz
Pfeffer
½ TL Zucker
Olivenöl
2 Scheiben Weißbrot oder Focaccia
60 g Spinat
2 Zweige frischer Estragon

Zubereitung

Die Kartoffeln in Salzwasser für etwa 20–30 Minuten garen. Kurz mit kaltem Wasser abspülen und noch warm schälen. In Scheiben schneiden und in eine große Schüssel geben. Bouillon in einem kleinen Topf aufkochen und über die Kartoffeln geben. Ca. 20 Minuten ziehen lassen und ab und zu schwenken.

In einem großen Topf ausreichend Wasser mit ca. 2 TL Salz, ½ TL Zucker und 1 TL Olivenöl zum Kochen bringen. In der Zwischenzeit den Spargel schälen. Die holzigen Enden entfernen. Sobald das Wasser kocht, den Spargel hineinlegen und das Wasser noch einmal kurz aufkochen lassen. Danach sofort die Hitze reduzieren. Je nach Dicke der Spargelstangen ca. 10 Minuten ziehen lassen. Spargel herausnehmen und zum Auskühlen beiseitestellen.

Französisches Dressing zubereiten. Die Hälfte des Dressings unter die Kartoffeln mischen.

Währenddessen eine kleine Pfanne mit etwas Olivenöl erhitzen. Das Brot in kleine Stücke zupfen und in der Pfanne auf allen Seiten zu knusprigen Croûtons rösten. Mit Salz und Pfeffer leicht würzen und auf einem Küchentuch auskühlen lassen.

Den Spinat putzen, in frischem Wasser waschen und in einer Salatschleuder trocknen. Mit der restlichen Hälfte des Dressings mischen und mit Pfeffer und Salz etwas würzen.

Den Kartoffelsalat auf Tellern anrichten, Spargeln, Spinat und Croûtons daraufgeben. Mit gezupftem Estragon dekorieren.

Gerstensalat mit Grünkohl und Karotte

Für 4 Personen
Zubereitungszeit: 1 Stunde

Zutaten

200 ml französisches Dressing

200 g Gerste
4 Karotten
2 Scheiben Weißbrot
4 Blatt Grünkohl
¼ Kopf Frisée
Olivenöl
Salz
Pfeffer
etwas weißer Balsamicoessig

Zubereitung

Gerste in einem Topf mit ca. 700 ml Wasser und 1 TL Salz aufkochen, Hitze reduzieren und zugedeckt etwa 30 Minuten leicht köcheln lassen. Gerste in eine Schüssel zum Auskühlen geben.

Einen Topf mit etwas Salzwasser zum Blanchieren aufsetzen, 4 ganze Karotten bissfest garen und im kalten Salzwasser abschrecken. Karotten schälen, eine für das Dressing aufheben, die anderen in gleich große, längliche Stücke schneiden.

Französisches Dressing zubereiten und mit einem Stabmixer eine Karotte daruntermixen.

Die Brotscheiben in gleich große Würfel schneiden und in einer kleinen Pfanne mit dem Olivenöl knusprig anbraten. Die Croûtons mit etwas Salz und Pfeffer würzen und auf einem Küchentuch auskühlen lassen.

Den Ofen auf 130 Grad (Umluft) vorheizen. Grünkohl vom Strunk zupfen, mit Salz, Pfeffer und Olivenöl marinieren. Grünkohl auf ein mit Backpapier belegtes Blech geben und in der Mitte des Ofens 20 Minuten knusprig backen.

Den Frisée putzen, in grobe Stücke schneiden, waschen und in einer Salatschleuder trocknen.

Das Dressing mit einem Löffel auf die Teller geben. Frisée, Karotten, Croûtons, Gerste und Grünkohl in einer großen Schüssel mit etwas Essig, Salz und Pfeffer mischen. Auf die Teller verteilen.

Tomatensalat mit Hummus

Für 4 Personen
Vorbereitungszeit: 24 Stunden
Zubereitungszeit: 50 Minuten

Zutaten

Für den Hummus
200 g getrocknete Kichererbsen
1 TL Backnatron
100 g Tahini (Sesampaste)
1 TL Salz
Pfeffer
4 EL Zitronensaft
1 EL Zwiebelkonfit
150 ml kalte Geflügel- oder Gemüsebouillon
Olivenöl

Für den Salat
100 ml französisches Dressing

130 g Feta
200 g bunt gemischte Cherrytomaten
1 Nostrano-Gurke
1 Spitzpaprika
½ rote Zwiebel
etwas frischer Majoran

Zubereitung

Am Vortag die Kichererbsen gründlich waschen, in eine große Schüssel füllen und mit Wasser bedeckt über Nacht einweichen. Am nächsten Tag die Kichererbsen abgießen und mit dem Backnatron in einen großen Topf füllen. 1 ½ Liter Wasser dazugießen, zum Kochen bringen und die Kichererbsen bei starker Hitze etwa 3 Minuten unter Rühren erwärmen. Immer wieder abschäumen und für etwa 40 Minuten leicht köcheln lassen. Die Kichererbsen sollen sich einfach zerdrücken lassen. Das Wasser abgießen und die Kichererbsen mit einem Mixer pürieren. Während des Mixens Tahini, 1 TL Salz, Pfeffer, Zitronensaft und Zwiebelkonfit hinzufügen.

Zum Schluss die kalte Bouillon und das Olivenöl langsam dazugießen und das Ganze ca. 5 Minuten verrühren, bis eine glatte, cremige Paste entstanden ist. Etwas ruhen lassen, auf Teller verteilen und mit Olivenöl beträufeln.

Französisches Dressing zubereiten, 30 g Feta leicht zerkrümeln und mit dem Stabmixer unter das Dressing mischen.

In der Zwischenzeit die Tomaten waschen und halbieren. Die Gurke schälen, das Kerngehäuse entfernen und die Gurke in 1 × 1 cm große Würfel schneiden. Spitzpaprika waschen, in dünne Scheiben schneiden und beiseitelegen. Die Zwiebel in feine Streifen schneiden und in etwas Wasser waschen. Den restlichen Feta in grobe Würfel schneiden.

Abwechselnd Tomaten, Gurken, Feta, Spitzpaprika und Zwiebeln auf dem Hummus verteilen.

Das Dressing mit einem Löffel auf die Teller geben. Den gezupften Majoran über den Salat streuen.

Eichblattsalat mit Spargel und Pfirsichen

Für 4 Personen
Zubereitungszeit: 30 Minuten

Zutaten

200 ml französisches Dressing

8 Stangen weißer Spargel
Salz
Pfeffer
½ TL Zucker
etwas Olivenöl
2 Scheiben Weißbrot
3 Pfirsiche
2 frische Pfefferminzblätter
½ Kopf Eichblattsalat

Zubereitung

In einem großen Topf ausreichend Wasser mit ca. 2 TL Salz, ½ TL Zucker und 1 TL Olivenöl zum Kochen bringen. In der Zwischenzeit den Spargel schälen. Die holzigen Enden entfernen. Sobald das Wasser kocht, den Spargel hineinlegen und das Wasser noch einmal kurz aufkochen lassen. Danach sofort die Hitze reduzieren. Je nach Dicke der Spargelstangen ca. 10 Minuten ziehen lassen. Spargel herausnehmen und zum Auskühlen beiseitestellen. Den Spargel in grobe Stücke schneiden und in eine Schüssel geben.

Währenddessen eine kleine Pfanne mit etwas Olivenöl erhitzen. Das Brot in kleine Stücke zupfen und in der Pfanne auf allen Seiten zu knusprigen Croûtons rösten. Mit Salz und Pfeffer leicht würzen und auf einem Küchentuch auskühlen lassen.

Die Pfirsiche waschen und in einem Sieb abtropfen. Die Kerne entfernen, 2 ½ Pfirsiche in 1 cm große Würfel schneiden und zum Spargel in die Schüssel geben.

Französisches Dressing zubereiten und mit dem Stabmixer den restlichen halben Pfirsich daruntermixen. Die Pfefferminzblätter in feine Streifen schneiden und unter das Dressing mischen. Das Dressing über den Spargel geben und nach Belieben mit Salz und Pfeffer würzen.

Den Eichblattsalat putzen, in grobe Stücke schneiden, waschen und in einer Salatschleuder trocknen. Auf Teller verteilen.

Den Spargelsalat auf dem Eichblattsalat anrichten und die Croûtons daraufgeben.

Bohnen-Tomaten-Salat

Für 4 Personen
Vorbereitungszeit: 12 Stunden
Zubereitungszeit: 50 Minuten

Zutaten

200 ml französisches Dressing

80 g getrocknete rote Bohnen
10 frische Basilikumblätter
Olivenöl
etwas weißer Balsamicoessig
Salz
Pfeffer
200 g gemischte Tomaten
½ Kopf roter Eichblattsalat
½ rote Zwiebel

Zubereitung

Die roten Bohnen unter kaltem Wasser abspülen und in einer Schüssel mit Wasser bedeckt über Nacht einweichen.

Französisches Dressing zubereiten und die Basilikumblätter mit dem Stabmixer untermixen. Falls das Dressing zu dick werden sollte, mit etwas Bouillon verdünnen.

Bohnen im Wasser ca. 40 Minuten weich kochen, abtropfen und zum Auskühlen beiseitestellen. Mit etwas Olivenöl, Essig, Salz und Pfeffer würzen.

Die Tomaten putzen, waschen, halbieren und mit den Bohnen mischen.

Den Eichblattsalat putzen und in grobe Stücke zupfen. Die Salatblätter in frischem Wasser waschen, in einer Salatschleuder trocknen und unter den Bohnensalat mischen.

Die Zwiebel in feine Streifen schneiden und in etwas Wasser waschen.

Das Dressing mit einem Löffel auf die Teller geben. Den Bohnen-Tomaten-Salat verteilen und mit den Zwiebeln dekorieren.

Endivien-Chicorée-Salat mit Mais und Avocado

Für 4 Personen
Zubereitungszeit: 30 Minuten

Zutaten

200 ml französisches Dressing

2 Maiskolben, gegart
Salz
Pfeffer
Olivenöl
80 g Dattel-Tomaten oder Cherrytomaten
1 Avocado
½ Zitrone, Saft
30 g Popcorn-Mais
etwas Paprikapulver
½ Kopf Endiviensalat
2 rote Chicorée

Zubereitung

Den Mais von den Kolben und anschließend in kleine Stücke schneiden. Eine mittelgroße Pfanne erhitzen, etwas Olivenöl dazugeben und den Mais von allen Seiten anbraten. Mit etwas Salz und Pfeffer würzen und zum Auskühlen beiseitestellen.

Tomaten waschen und fein hacken.

Avocado halbieren, die Schale und den Kern entfernen. Eine halbe Avocado in grobe Streifen schneiden und mit der Hälfte des Zitronensafts marinieren.

Französisches Dressing zubereiten und mit dem Stabmixer die anderen Hälfte der Avocado daruntermixen. Falls das Dressing zu dick werden sollte, mit Bouillon verdünnen. Den restlichen Zitronensaft und die gehackten Tomaten unterrühren.

Für das Popcorn einen großen Topf mit wenig Olivenöl stark erhitzen. Etwas Salz hinzufügen, die Maiskörner in den Topf geben und kurz in das Öl einrühren. Den Deckel daraufgeben. Zwischendurch immer wieder schütteln, nach wenigen Minuten sollte das Popcorn fertig sein. Mit etwas Paprikapulver würzen. Popcorn in einer Schüssel kurz lüften lassen, damit die Flüssigkeit verdampft.

Endivien und Chicorée putzen, in grobe Stücke schneiden, waschen und in einer Salatschleuder trocknen. Mit dem Dressing anmachen und auf Tellern anrichten. Den Mais, die Avocadostreifen und das Popcorn gleichmäßig auf den Tellern verteilen.

Kopfsalat mit Birne, Sellerie und Walnüssen

Für 4 Personen
Zubereitungszeit: 20 Minuten

Zutaten

200 ml französisches Dressing

100 g Walnüsse
2 Kopfsalatherzen
200 g Knollensellerie
1 Birne
Salz
Pfeffer
2 Zweige Petersilie

Zubereitung

Den Backofen auf 180 Grad (Umluft) vorheizen. Die Walnüsse auf einem mit Backpapier belegten Blech in der Mitte des Ofens 6 Minuten rösten, auskühlen lassen und anschließend grob hacken.

Französisches Dressing zubereiten.

Den Kopfsalat putzen, in grobe Stücke zupfen, waschen, in einer Salatschleuder trocknen und in eine große Schüssel geben.

Die Sellerieknolle in feine Streifen schneiden und zum Kopfsalat geben.

Die Birne waschen, das Kerngehäuse entfernen und ebenfalls in Streifen schneiden. Die Birnenstreifen und das Dressing vorsichtig unter den Salat mischen. Mit Salz und Pfeffer würzen.

Den Salat auf Teller verteilen und die gehackten Walnüsse darübergeben.

Die Petersilie waschen, klein hacken und über den Salat streuen.

Karottensalat mit Cashewkernen

Für 4 Personen
Zubereitungszeit: 40 Minuten

Zutaten

150 ml französisches Dressing

1 EL Frischkäse
700 g Karotten
100 g Cashewkerne
etwas weißer Balsamicoessig
Olivenöl
Salz
Pfeffer
2 Zweige frischer Estragon

Zubereitung

Französisches Dressing zubereiten und mit dem Stabmixer den Frischkäse daruntermixen.

Einen Topf mit etwas Salzwasser zum Blanchieren aufsetzen. 450 g Karotten in 1 × 1 cm große Würfel schneiden, bissfest garen und im kalten Salzwasser abschrecken. In einer Schüssel die Karotten mit dem Dressing und mit etwas Salz und Pfeffer marinieren.

Backofen auf 180 Grad (Umluft) vorheizen. Die Cashewkerne auf einem mit Backpapier belegten Blech in der Mitte des Ofens 6 Minuten rösten, abkühlen lassen und klein hacken.

250 g Karotten mit einer Reibe hobeln, mit Essig, Olivenöl, Salz und Pfeffer marinieren.

Die blanchierten Karotten auf Tellern anrichten, darauf die rohen Karotten verteilen. Mit den Cashewkernen und dem gezupften Estragon den Karottensalat dekorieren.

Spinatsalat mit Himbeeren

Für 4 Personen
Zubereitungszeit: 10 Minuten

Zutaten

200 ml französisches Dressing

200 g Himbeeren
150 g Spinat
Salz
Pfeffer

Zubereitung

Himbeeren waschen und in einem Sieb abtropfen.

Französisches Dressing zubereiten und mit dem Stabmixer 70 g Himbeeren daruntermixen.

Spinat putzen, waschen und in einer Salatschleuder trocknen. Mit dem Dressing anmachen, mit Salz und Pfeffer abschmecken und auf Teller geben. Die restlichen Himbeeren über den Salat verteilen.

Ackersalat mit Rotkohl und Apfel

Für 4 Personen
Zubereitungszeit: 20 Minuten

Zutaten

200 ml französisches Dressing

2 Scheiben Weißbrot
Olivenöl
Salz
Pfeffer
100 g Ackersalat
250 g Rotkohl
1 Apfel
2 Radieschen

Zubereitung

Französisches Dressing zubereiten.

Die Brotscheiben in Stücke zupfen und in einer kleinen Pfanne mit wenig Olivenöl knusprig anbraten. Die Croûtons mit etwas Salz und Pfeffer würzen und auf einem Küchentuch auskühlen lassen.

Ackersalat putzen, waschen, gut abtropfen lassen und auf Tellern anrichten.

Rotkohl in feine Streifen schneiden und zum Ackersalat geben.

Den Apfel waschen, entkernen, in dünne Stäbchen schneiden und auf den Salat legen.

Radieschen putzen, waschen, halbieren, in feine Scheiben schneiden und mit den Croûtons über den Salat verteilen. Etwas Dressing zur Seite reichen.

Quinoasalat mit Spargel und Erdbeeren

Für 4 Personen
Zubereitungszeit: 30 Minuten

Zutaten

200 ml französisches Dressing

250 g Quinoa
8 Stangen weißer Spargel
Salz
Pfeffer
½ TL Zucker
1 TL Olivenöl
etwas weißer Balsamicoessig
200 g Erdbeeren
70 g Spinat
4 frische Basilikumblätter

Zubereitung

Die Quinoakörner kalt waschen und in der doppelten Menge Wasser ca. 10 Minuten kochen lassen, bis sich der weiße Keimling vom Korn löst. Danach noch etwa 5 Minuten weiterquellen lassen. Mit Salz und Pfeffer etwas würzen und zum Auskühlen beiseitestellen.

In einem großen Topf ausreichend Wasser mit ca. 2 TL Salz, ½ TL Zucker und 1 TL Olivenöl zum Kochen bringen. In der Zwischenzeit den Spargel schälen. Die holzigen Enden entfernen. Sobald das Wasser kocht, den Spargel hineinlegen und das Wasser noch einmal kurz aufkochen lassen. Danach sofort die Hitze reduzieren. Je nach Dicke der Spargelstangen ca. 10 Minuten ziehen lassen. Spargel herausnehmen und zum Auskühlen beiseitestellen. Die Spargelstangen in drei Teile schneiden und in einer Schüssel mit Essig, Salz und Pfeffer marinieren.

Den Strunk der Erdbeeren entfernen, Erdbeeren waschen und in einem Sieb abtropfen.

Französisches Dressing zubereiten und mit dem Stabmixer 50 g Erdbeeren untermixen. Die restlichen Beeren vierteln und zur weiteren Verarbeitung beiseitestellen.

Spinat putzen, waschen und in einer Salatschleuder trocknen.

Quinoa auf Teller verteilen, etwas Dressing um die Quinoa gießen und den Spinat darauf anrichten.

Den marinierten Spargel und die Erdbeeren darüber verteilen und mit dem fein geschnittenen Basilikum dekorieren.

Batavia mit Roter Bete und Apfel

Für 4 Personen
Zubereitungszeit: 20 Minuten

Zutaten

200 ml französisches Dressing

100 g Walnüsse
2 Äpfel
etwas Zitronensaft
2 gekochte Rote Beten
etwas weißer Balsamicoessig
Salz
Pfeffer
½ Kopf grüner Batavia
3 Zweige frischer Kerbel

Zubereitung

Backofen auf 180 Grad (Umluft) vorheizen. Die Walnüsse auf einem mit Backpapier belegten Blech in der Mitte des Ofens 6 Minuten rösten. Auskühlen lassen.

Französisches Dressing zubereiten.

Äpfel schälen, halbieren und entkernen. Einen halben Apfel in grobe Würfel schneiden und mit dem Stabmixer unter das Dressing mixen. Die restlichen Äpfel in feine Streifen schneiden und in eine Schüssel mit etwas Wasser und Zitronensaft legen.

Rote Bete in etwas dickere Streifen schneiden, mit Essig, Salz und Pfeffer marinieren.

Den Batavia putzen, in grobe Stücke schneiden, waschen und in einer Salatschleuder trocknen. Mit dem Dressing anmachen und auf Teller geben.

Die geschnittene Rote Bete auf dem Salat anrichten. Apfelstreifen, Walnüsse und den gezupften Kerbel gleichmäßig darüber verteilen.

Vinaigrette

Basisrezept Vinaigrette

Ergibt ca. 450 ml
Zubereitungszeit: 10 Minuten

Zutaten

80 ml weißer Balsamicoessig
2 EL Zwiebelkonfit
1 TL Salz
1 TL Rohzucker
150 ml Geflügel- oder Gemüsebouillon
½ Limette, Saft
½ TL Pfeffer
150 ml Olivenöl

Zubereitung

Essig mit Zwiebelkonfit, Salz und Rohzucker in einer Schüssel verrühren, bis sich das Salz und der Zucker aufgelöst haben.

Die Bouillon, den Limettensaft und den Pfeffer dazurühren.

Das Olivenöl mit einem Schneebesen unter kräftigem Schlagen unterrühren, bis die Vinaigrette bindet.

Lagerung
Das Dressing in saubere, heiß ausgespülte Flaschen füllen und im Kühlschrank aufbewahren. Vor Gebrauch gut schütteln. Das Dressing ist im Kühlschrank aufbewahrt ca. 20 Tage haltbar.

Tipp
Durch Beigabe verschiedener Essig-, Öl-, Kräuter- oder Senfsorten kann man die Vinaigrette ganz nach Belieben variieren.

Kartoffel-Salanova-Salat mit Champignons

Für 4 Personen
Zubereitungszeit: 50 Minuten

Zutaten

200 ml Vinaigrette

500 g festkochende Kartoffeln
3 Zweige Petersilie
1 EL Zwiebelkonfit
100 g Champignons
2 Scheiben Brot
Olivenöl
Salz
Pfeffer
1 roter Salanova (Kopfsalat)
2 Radieschen

Zubereitung

Vinaigrette zubereiten.

Die Kartoffeln in Salzwasser für etwa 20–30 Minuten garen. Kurz mit kaltem Wasser abspülen und noch warm schälen. In Scheiben schneiden und in eine große Schüssel geben. 150 ml Vinaigrette in einem kleinen Topf aufkochen und über die Kartoffeln geben. Ca. 20 Minuten ziehen lassen und ab und zu schwenken.

Petersilie putzen, waschen, hacken und zu den Kartoffeln geben. Zwiebelkonfit hinzufügen. Mit Salz und Pfeffer würzen.

Währenddessen eine mittlere Pfanne mit etwas Olivenöl erhitzen. Das Brot in kleine Stücke zupfen, die Champignons putzen und vierteln. Brot in die eine Hälfte der Pfanne geben, Pilze in die andere und beides auf allen Seiten anbraten. Mit Salz und Pfeffer leicht würzen und auf einem Küchentuch auskühlen lassen.

Den Salanova putzen und in grobe Stücke zupfen. Die Salatblätter in frischem Wasser waschen und in einer Salatschleuder trocknen. Mit der restlichen Vinaigrette anmachen und mit Salz und Pfeffer würzen. Auf einem Teller verteilen und den Kartoffelsalat daraufgeben.

Die Croûtons und die Pilze über den Salat verteilen.

Die Radieschen waschen, putzen, halbieren, in feine Scheiben schneiden und den Salat damit garnieren.

Brokkoli-Blumenkohl-Salat mit Johannisbeeren

Für 4 Personen
Zubereitungszeit: 30 Minuten

Zutaten

160 ml Vinaigrette

5 frische Pfefferminzblätter, gehackt
300 g geputzter Brokkoli
300 g geputzter Blumenkohl
½ Kopf Lollo bianco
Salz
Pfeffer
70 g Johannisbeeren

Zubereitung

Vinaigrette zubereiten und mit der gehackten Pfefferminze mischen.

Einen Topf mit etwas Salzwasser zum Blanchieren aufsetzen, Brokkoli und Blumenkohl bissfest garen und im kalten Salzwasser abschrecken. Gemüse in einer Schüssel mit 100 ml Vinaigrette sowie etwas Salz und Pfeffer marinieren.

Den Lollo bianco putzen und in grobe Stücke zupfen. Die Salatblätter in frischem Wasser waschen und in einer Salatschleuder trocknen. Mit der restlichen Vinaigrette anmachen und mit Salz und Pfeffer würzen. Auf Teller verteilen und den Blumenkohl-Brokkoli-Salat daraufgeben.

Die Johannisbeeren putzen, waschen und den Salat damit dekorieren.

Radicchio mit Weißkohl, Feigen und Hüttenkäse

Für 4 Personen
Zubereitungszeit: 30 Minuten

Zutaten

150 ml Vinaigrette

400 g Weißkohl
4 Feigen
2 EL grober Senf
½ Radicchio
200 g Hüttenkäse
Salz
Pfeffer
2 Scheiben Knäckebrot
etwas Schnittlauch

Zubereitung

Vinaigrette zubereiten.

Den Weißkohl in dünne Scheiben schneiden und mit Vinaigrette, Salz und Pfeffer in einer Schüssel für 20 Minuten marinieren.

Das Innere einer Feige mit dem Senf mischen und die restlichen Feigen in Spalten schneiden.

Den Radicchio putzen und in Streifen schneiden. Den Salat in frischem Wasser waschen und in einer Salatschleuder trocknen.

Hüttenkäse und Weißkohlsalat gleichmäßig auf Tellern anrichten. Radicchio darauf platzieren.

Knäckebrot in Stücke brechen und verteilen. Jeweils etwas Feigensenf auf die Teller geben.

Schnittlauch klein schneiden. Salat mit Schnittlauch und Feigen garnieren.

Italienischer Reissalat

Für 4 Personen
Zubereitungszeit: 1 Stunde

Zutaten

200 ml Vinaigrette

3 frische Basilikumblätter, gehackt
150 g Reis
½ Aubergine
Olivenöl
4 Stück getrocknete Tomaten
1 Handvoll Erbsen
200 g bunt gemischte Cherrytomaten
etwas weißer Balsamicoessig
½ rote Zwiebel
Salz
Pfeffer
100 g Rucola
1 Radicchio Trevisano

Zubereitung

Vinaigrette zubereiten und mit gehacktem Basilikum mischen.

In einem Topf Salzwasser zum Kochen bringen und den Reis darin nach Packungsanweisung zubereiten. Anschließend den Reis in einer flachen Schüssel ausbreiten und erst weiterverwenden, wenn er komplett ausgekühlt ist.

Die Aubergine in 1 × 1 cm große Würfel schneiden und in einer Pfanne mit etwas Olivenöl langsam anbraten. Die getrockneten Tomaten in Streifen schneiden und zur Aubergine geben. Erbsen hinzufügen und langsam weiterbraten.

Cherrytomaten putzen, waschen, halbieren und unter die Auberginen rühren. Mit dem Essig ablöschen, noch einmal kurz köcheln lassen. Dann das Gemüse unter den Reis mischen.

Die Zwiebel in feine Streifen schneiden, mit Wasser abspülen und in den Reissalat geben. Die Vinaigrette unter den abgekühlten Reis mischen, mit Salz und Pfeffer würzen.

Den Rucola putzen, den Trevisano in Streifen schneiden. Salatblätter in frischem Wasser waschen und in einer Salatschleuder trocknen. In einer Schüssel anrichten und den Reissalat daraufgeben.

Tipp
Sie können den Reis auch durch Risoni oder vorgegarte Zartweizen ersetzen.

Bündner Gerstensalat

Für 4 Personen
Zubereitungszeit: 40 Minuten

Zutaten

200 ml Vinaigrette

2 EL Crème fraîche
240 g Gerste
Salz
Pfeffer
12 Walnüsse
2 Stangen Lauch
4 Karotten
2 TL Zwiebelkonfit
¼ Kopf Lollo rosso
¼ Kopf Lollo bianco
¼ Kopf Eichblattsalat
etwas frischer Estragon, gezupft

Zubereitung

Vinaigrette zubereiten und mit der Crème fraîche mischen.

Die Gerste in ausreichend leicht kochendem Salzwasser für 30 Minuten garen. Das Wasser durch ein Sieb abgießen und die Gerste zum Auskühlen in eine Schüssel geben. Gerste mit 100 ml Vinaigrette mischen und mit Salz und Pfeffer abschmecken.

Ofen auf 180 Grad (Umluft) vorheizen. Die Walnüsse auf einem mit Backpapier belegten Blech in der Mitte des Ofens 6 Minuten rösten. Auskühlen lassen.

Lauch waschen und halbieren. Karotten schälen und mit dem Zwiebelkonfit bestreichen. Mit Salz und Pfeffer würzen und flach in Aluminiumfolie einpacken. Bei 180 Grad in der Ofenmitte für etwa 30 Minuten backen. Auskühlen lassen.

Salat putzen, in grobe Stücke zupfen, waschen und in einer Salatschleuder trocknen. Die restliche Vinaigrette mit dem Salat mischen.

Gerste auf Tellern anrichten, Lauch und Karotten daraufgeben und mit dem Salat garnieren.

Walnüsse und Estragon darüber verteilen.

Tipp
Einige Scheiben Bündnerfleisch dazu servieren.

Bulgur mit Rettich und Eichblattsalat

Für 4 Personen
Zubereitungszeit: 50 Minuten

Zutaten

200 ml Vinaigrette

250 g Buchweizen-Bulgur
Salz
Pfeffer
300 g Rettich
3 Radieschen
½ Kopf Eichblattsalat
150 g Hüttenkäse
2 Zweige Petersilie

Zubereitung

Vinaigrette zubereiten.

Den Buchweizen in ausreichend leicht kochendem Salzwasser für 15 Minuten garen. Das Wasser durch ein Sieb abgießen und den Buchweizen zum Auskühlen in eine Schüssel geben. Buchweizen mit 50 ml Vinaigrette mischen und mit Salz und Pfeffer abschmecken.

Den Rettich in feine, längliche Streifen schneiden und mit 70 ml Vinaigrette, Salz und Pfeffer anmachen.

Die Radieschen waschen, putzen, halbieren, in feine Scheiben schneiden und unter den Rettich mischen.

Den Eichblattsalat putzen, in grobe Stücke zupfen, waschen und in einer Salatschleuder trocknen. Mit der restlichen Vinaigrette marinieren und mit Salz und Pfeffer würzen.

Buchweizen auf Teller verteilen, den Rettichsalat daraufgeben und den Eichblattsalat daneben anrichten. Jeweils 1 EL Hüttenkäse auf die Teller verteilen.

Petersilie fein hacken und über den Salat streuen.

Eisbergsalat mit Grünkohl und Kürbis

Für 4 Personen
Zubereitungszeit: 40 Minuten

Zutaten

150 ml Vinaigrette

4 Grünkohlblätter
Olivenöl
Salz
Pfeffer
450 g Kürbis
5 Radieschen
100 ml weißer Balsamicoessig
2 TL Zucker
½ Kopf Eisbergsalat

Zubereitung

Vinaigrette zubereiten.

Den Ofen auf 130 Grad (Umluft) vorheizen. Grünkohl vom Strunk zupfen, mit Salz, Pfeffer und Olivenöl marinieren. Auf ein mit Backpapier belegtes Blech geben und für 20 Minuten knusprig backen. Auskühlen lassen.

Kürbis in Würfel schneiden, mit Salz, Pfeffer und Olivenöl würzen und flach auf ein Blech mit Backpapier legen. In der Mitte des auf 180 Grad vorgeheizten Ofens für etwa 30 Minuten backen und auskühlen lassen.

Radieschen putzen, waschen und vierteln. Einen Topf mit Essig, Zucker und etwas Salz erhitzen und die Mischung über die Radieschen gießen, sodass sie vollständig bedeckt sind. Auskühlen lassen und zur Weiterverarbeitung beiseitestellen.

Eisbergsalat putzen und in Streifen schneiden. Den Salat in frischem Wasser waschen und in einer Salatschleuder trocknen. Mit der Vinaigrette anmachen und auf Teller verteilen.

Grünkohl, Kürbis und Radieschen gleichmäßig über den Salat geben.

Ackersalat mit Kürbis und Rosenkohl

Für 4 Personen
Zubereitungszeit: 50 Minuten

Zutaten

200 ml Vinaigrette

250 g Kürbis
Salz
Pfeffer
Olivenöl
10 Stück Rosenkohl
2 Scheiben Weißbrot
120 g Ackersalat

Zubereitung

Vinaigrette zubereiten.

Backofen auf 180 Grad (Umluft) vorheizen. Kürbis in Würfel schneiden, mit Salz, Pfeffer und Olivenöl würzen. Flach auf ein mit Backpapier belegtes Blech legen. In der Ofenmitte für etwa 30 Minuten backen und auskühlen lassen.

Den Rosenkohl putzen, die äußeren Blätter entfernen. Danach die einzelnen Blätter vom Rosenkohl zupfen, sodass nur noch ein kleiner Teil übrig bleibt. Eine mittlere Pfanne mit etwas Olivenöl erhitzen. Die gezupften Blätter und den Rosenkohl in die Pfanne geben. Kurz anbraten, sodass er noch ein wenig knackig bleibt, mit Salz und Pfeffer leicht würzen.

Eine kleine Pfanne mit etwas Olivenöl erhitzen. Brot in kleine Würfel schneiden, in der Pfanne auf allen Seiten zu knusprigen Croûtons rösten. Mit Salz und Pfeffer leicht würzen und auf einem Küchentuch auskühlen lassen.

Ackersalat putzen, waschen und in einer Salatschleuder trocknen.

Alle Zutaten in einer großen Schüssel mischen, mit Salz und Pfeffer abschmecken und auf Teller verteilen.

Gurken-Romana-Salat mit Hummus

Für 4 Personen
Vorbereitungszeit: 24 Stunden
Zubereitungszeit: 50 Minuten

Zutaten

Für den Hummus
200 g getrocknete Kichererbsen
1 TL Backnatron
100 g Tahini (Sesampaste)
1 TL Salz
Pfeffer
4 EL Zitronensaft
1 EL Zwiebelkonfit
150 ml kalte Geflügel- oder Gemüsebouillon
etwas Olivenöl

Für den Salat
100 ml Vinaigrette

1 Gurke
½ Kopf Romana-Salat
⅓ Bund frischer Koriander
Salz
Pfeffer

Zubereitung

Am Vortag die Kichererbsen gründlich waschen, in eine große Schüssel füllen und mit Wasser bedeckt über Nacht einweichen. Am nächsten Tag die Kichererbsen abgießen und mit dem Backnatron in einen großen Topf füllen. 1 ½ Liter Wasser dazugießen, zum Kochen bringen und die Kichererbsen bei starker Hitze etwa 3 Minuten unter Rühren erwärmen. Immer wieder abschäumen und für etwa 40 Minuten leicht köcheln lassen. Die Kichererbsen sollen sich einfach zerdrücken lassen. Eine Handvoll Kichererbsen zur Dekoration beiseitestellen.

Das Wasser abgießen und die Kichererbsen mit einem Mixer pürieren. Während des Mixens Tahini, 1 TL Salz, Pfeffer, Zitronensaft und Zwiebelkonfit hinzufügen. Zum Schluss die kalte Bouillon und das Olivenöl langsam dazugießen und das Ganze ca. 5 Minuten verrühren, bis eine glatte, cremige Paste entstanden ist. Etwas ruhen lassen, auf die Teller verteilen und mit Olivenöl beträufeln.

Vinaigrette zubereiten.

Die Gurke schälen, längs vierteln, das Kerngehäuse entfernen und die Gurke in kleine Würfel schneiden. In eine Schüssel geben, mit Salz, Pfeffer und Vinaigrette marinieren.

Romana-Salat putzen, in grobe Streifen schneiden, waschen und in einer Salatschleuder trocknen. Zu den Gurkenwürfeln hinzufügen und den Koriander in den Salat zupfen. Gut durchmischen und mit Salz und Pfeffer abschmecken.

Hummus auf Tellern anrichten. Salat darauf verteilen und mit etwas Pfeffer würzen.

Couscoussalat mit mediterranem Gemüse

Für 4 Personen
Zubereitungszeit: 45 Minuten

Zutaten

100 ml Vinaigrette

100 g Couscous
150 ml Geflügel- oder Gemüsebouillon
½ unbehandelte Orange
1 unbehandelte Limette
1 Prise Safranfäden
½ TL Ras el Hanout
4 EL Olivenöl
1 EL Mandarinenöl
1 EL Zwiebelkonfit
5 Stiele frischer Koriander
3 frische Pfefferminzblätter
Salz
Pfeffer
50 g Rucola
1 kleine Zucchini
4 Scheiben Aubergine, 1 cm dick
1 rote Paprika
1 gelbe Paprika
8 Oliven mit Füllung, halbiert
etwas frischer Basilikum zum Garnieren

Zubereitung

Couscous in ein Sieb geben und ca. 1 Minute unter lauwarmem Wasser waschen. Im Sieb etwa 10 Minuten quellen lassen. Mit einer Gabel auflockern und den Vorgang wiederholen.

Bouillon aufkochen und auf die Hälfte reduzieren. Orangen- und Limettenschale in Zesten abziehen oder abreiben. Orangen- und Limettensaft auspressen. Saft und Zesten mit Safran, Ras el Hanout, 1 EL Olivenöl, Mandarinenöl, Zwiebelkonfit und der Bouillon vermengen. Mit dem Couscous in einer Schüssel mischen. Koriander und Pfefferminze fein schneiden, dazugeben und mit Salz und Pfeffer abschmecken.

Vinaigrette zubereiten.

Rucola putzen, waschen und in einer Salatschleuder trocknen.

Paprika und Zucchini waschen und putzen. Zucchini in Scheiben, Paprika in Streifen schneiden.

Für das Ofengemüse Backofen auf 200 Grad (Umluft) vorheizen. Paprika und Auberginen auf einem mit Backpapier belegten Blech mischen und mit Salz und Pfeffer würzen. Mit 3 EL Olivenöl beträufeln. Gemüse in der Ofenmitte ca. 15 Minuten garen. Zucchini die letzten 5 Minuten mitgaren. Gemüse etwas abkühlen lassen und mit der Hälfte der Vinaigrette mischen.

Aubergine auf Tellern anrichten, etwas Rucola mit der restlichen Vinaigrette anmachen und über die Auberginenscheiben verteilen. Couscous daraufgeben und mit dem Gemüse anrichten.

Mit Oliven und Basilikum dekorieren.

«Für das perfekte Dressing gilt: die Süße nicht vergessen.»

Quinoasalat mit Tomaten und Auberginencreme

Für 4 Personen
Zubereitungszeit: 1 Stunde

Zutaten

100 ml Vinaigrette

1 Aubergine
3 EL Zitronensaft
3 TL Zwiebelkonfit
etwas Olivenöl
200 g Quinoa
2 große Tomaten
Salz
Pfeffer
5 frische Pfefferminzblätter

Zubereitung

Backofen auf 220 Grad (Umluft) vorheizen. Aubergine rundum mit einer Gabel einstechen. Unter gelegentlichem Wenden auf einem mit Backpapier belegten Blech in der Ofenmitte 30 Minuten garen, bis sie innen weich ist. Abkühlen lassen.

Aubergine halbieren, Fruchtfleisch mit einer Gabel auslösen und mit dem Mixer pürieren. Mixer weiterlaufen lassen. Zitronensaft, Zwiebelkonfit, Olivenöl, Salz und Pfeffer zugeben, bis eine geschmeidige Creme entsteht.

Vinaigrette zubereiten.

Die Quinoakörner kalt waschen und in der doppelten Menge Wasser ca. 10 Minuten kochen lassen, bis sich der weiße Keimling vom Korn löst. Danach noch etwa 5 Minuten weiterquellen lassen. Mit 50 ml Vinaigrette, Salz und Pfeffer würzen und zum Auskühlen beiseitestellen.

Tomaten putzen, waschen, hacken und in einer Schüssel mit der restlichen Vinaigrette mischen. Mit Salz und Pfeffer würzen.

Auberginencreme auf Tellern anrichten. Quinoa daraufgeben, Tomatensalat verteilen.

Pfefferminze fein hacken, über den Salat geben und den Salat mit etwas Olivenöl beträufeln.

Artischocken-Tomaten-Salat mit Auberginencreme

Für 4 Personen
Zubereitungszeit: 1 Stunde

Zutaten

100 ml Vinaigrette

1 Aubergine
3 EL Zitronensaft
3 TL Zwiebelkonfit
etwas Olivenöl
Salz
Pfeffer
120 g gekochte Artischocken
200 g bunt gemischte Cherry-tomaten
Parmesan
Olivenöl
4 frische Basilikumblätter

Zubereitung

Backofen auf 220 Grad (Umluft) vorheizen. Aubergine rundum mit einer Gabel einstechen. Unter gelegentlichem Wenden auf einem mit Backpapier belegten Blech in der Ofenmitte 30 Minuten garen, bis sie innen weich ist. Abkühlen lassen.

Aubergine halbieren, Fruchtfleisch mit einer Gabel auslösen und mit dem Mixer pürieren. Mixer weiterlaufen lassen. Zitronensaft, Zwiebelkonfit, Olivenöl, Salz und Pfeffer zugeben, bis eine geschmeidige Creme entsteht. Creme warm halten.

Vinaigrette zubereiten.

Artischocken vierteln und in eine große Schüssel geben.

Cherrytomaten putzen, waschen, halbieren und zu den Artischocken geben. Mit der Vinaigrette mischen.

Die warme Auberginencreme auf Teller verteilen. Salat gleichmäßig portionieren und auf den Tellern anrichten. Etwas Parmesan darüberhobeln und mit Olivenöl beträufeln.

Basilikum grob hacken und über den Salat streuen.

Paprika-Gurken-Tartelettes

Für 4 Personen
Zubereitungszeit: 30 Minuten

Zutaten

200 ml Vinaigrette

4 mittelgroße Tortillas
1 Nostrano-Gurke
1 rote Paprika
1 gelbe Paprika
1 Spitzpaprika
2 Pimentos
150 g gekochter Mais
3 Zweige frischer Kerbel
Salz
Pfeffer

Zubereitung

Backofen auf 190 Grad (Umluft) vorheizen. 4 mittlere, ofenfeste Schalen mit den Tortillas befüllen, sodass ein Körbchen entsteht. Tortillas in der Ofenmitte für etwa 8 Minuten goldbraun backen. Abkühlen lassen.

Vinaigrette zubereiten.

Die Gurke schälen, längs vierteln, das Kerngehäuse entfernen und die Gurke in kleine Würfel schneiden. In eine große Schüssel mit der Vinaigrette geben.

Die rote und die gelbe Paprika schälen und in grobe Würfel schneiden. Zur Gurke geben.

Spitzpaprika und Pimentos waschen, in feine Scheiben schneiden und unter den Salat mischen.

Kerbel zupfen, hacken und zusammen mit dem Mais unter den Salat mischen. Mit Salz und Pfeffer würzen und den Salat in die Tortillakörbchen füllen.

Crudités mit Kräutercreme

Für 4 Personen
Zubereitungszeit: 35 Minuten

Zutaten

Für die Crudités
80 ml Vinaigrette

1 Gurke
1 rote Paprika
1 gelbe Paprika
1 Karotte
1 kleiner Fenchel
2 Radieschen
Salz
Pfeffer

Für die Kräutercreme
100 g Quark
75 g Gurke in Würfeln
3 TL Zwiebelkonfit
100 g Mayonnaise
frische Kräuter nach Belieben (zum Beispiel Petersilie, Pfefferminze, Schnittlauch, Kerbel), gehackt
Salz
Pfeffer

1 Handvoll Spinat

Zubereitung

Vinaigrette zubereiten.

Ganze Gurke, Paprika, Karotte und Fenchel putzen, waschen und in dünne Stäbchen schneiden. In einer großen Schüssel für etwa 20 Minuten mit Salz, Pfeffer und Vinaigrette marinieren.

Radieschen putzen, waschen und in dünne Scheiben schneiden. Zum Gemüse geben.

In der Zwischenzeit Quark, Gurkenwürfel, Zwiebelkonfit, Mayonnaise, Kräuter, Salz und Pfeffer mischen.

Spinat putzen, waschen und in einer Salatschleuder trocknen.

Teller mit etwas Kräutercreme bestreichen, das Gemüse darauf platzieren und mit dem Spinat dekorieren.

Cicorino mit Blumenkohl und Trauben

Für 4 Personen
Zubereitungszeit: 35 Minuten

Zutaten

150 ml Vinaigrette

50 g Naturjoghurt
1 Blumenkohl
4 Scheiben dünn geschnittenes Weißbrot
Olivenöl
Salz
Pfeffer
1 Cicorino rosso
160 g gemischte Trauben
2 Zweige Petersilie
1 EL gerösteter Sesam

Zubereitung

Backofen auf 180 Grad (Umluft) vorheizen.

Vinaigrette zubereiten und mit dem Joghurt mischen.

Blumenkohl putzen, waschen, mit etwas Olivenöl marinieren und mit Salz und Pfeffer würzen. Auf ein mit Backpapier belegtes Blech geben und in der Ofenmitte 25 Minuten backen. Blumenkohl abkühlen lassen, in dünne Scheiben schneiden und auf Teller geben. Die Vinaigrette mit einem Löffel über den Blumenkohl verteilen.

Währenddessen eine mittlere Pfanne mit etwas Olivenöl erhitzen. Das Brot in kleine Stücke zupfen und in der Pfanne auf allen Seiten zu knusprigen Croûtons rösten. Mit Salz und Pfeffer leicht würzen und auf einem Küchentuch auskühlen lassen.

Cicorino putzen, Strunk abschneiden, waschen und in einer Salatschleuder trocknen. Cicorino über den Blumenkohl geben.

Trauben putzen, waschen, halbieren und über den Salat verteilen.

Petersilie hacken. Zusammen mit den Croûtons und dem Sesam über den Salat geben.

Alles mit etwas Olivenöl beträufeln.

Rote-Bete-Salat mit Weißkohl und Blutorange

Für 4 Personen
Zubereitungszeit: 40 Minuten

Zutaten

200 ml Vinaigrette

4 gekochte Rote Beten
300 g Weißkohl
1 TL Kümmel, ganz
Salz
Pfeffer
1 Handvoll gemischte Nüsse
2 Scheiben Weißbrot
etwas Olivenöl
1 Blutorange
30 g gemischte Sprossen
4 Zweige frischer Kerbel, gezupft

Zubereitung

Vinaigrette zubereiten.

Die gekochte Rote Bete in Würfel schneiden und in einer Schüssel mit 100 ml Vinaigrette marinieren.

Den Weißkohl in dünne Streifen schneiden und mit restlicher Vinaigrette, Kümmel, Salz und Pfeffer in einer Schüssel für 20 Minuten marinieren.

Backofen auf 180 Grad (Umluft) vorheizen. Die Nüsse auf einem mit Backpapier belegten Blech in der Mitte des Ofens 6 Minuten rösten. Auskühlen lassen.

Währenddessen eine kleine Pfanne mit etwas Olivenöl erhitzen. Das Brot in kleine Würfel schneiden und in der Pfanne auf allen Seiten zu knusprigen Croûtons rösten. Mit Salz und Pfeffer leicht würzen und auf einem Küchentuch auskühlen lassen.

Blutorangen filetieren: Die Enden der Orange abschneiden, bis das Fruchtfleisch zu sehen ist. Die Orange auf die Unterseite stellen und die gesamte Schale mit einem scharfen Messer von oben nach unten herunterschneiden, bis die weiße Haut vollständig entfernt ist. Die einzelnen Segmente mit einem Messer herausschneiden.

Rote-Bete-Salat auf Teller verteilen, darauf den Weißkohl anrichten. Ein paar Sprossen darübergeben. Mit Croûtons, Blutorangen, Nüssen und Kerbel dekorieren.

Lollo bianco mit Feigen, Orangen und Walnüssen

Für 4 Personen
Zubereitungszeit: 20 Minuten

Zutaten

200 ml Vinaigrette

½ Kopf Lollo bianco
1 Chicorée
80 g Walnüsse
2 Orangen
6 Feigen
30 g Sprossen
Salz
Pfeffer

Zubereitung

Vinaigrette zubereiten.

Lollo bianco zupfen, Chicorée in Streifen schneiden, putzen, waschen und in einer Salatschleuder trocknen.

Backofen auf 180 Grad (Umluft) vorheizen. Die Walnüsse auf einem mit Backpapier belegten Blech in der Mitte des Ofens 6 Minuten rösten, abkühlen lassen und grob hacken.

Orangen filetieren: Die Enden der Orange abschneiden, bis das Fruchtfleisch zu sehen ist. Die Orange auf die Unterseite stellen und die gesamte Schale mit einem scharfen Messer von oben nach unten herunterschneiden, bis die weiße Haut vollständig entfernt ist. Die einzelnen Segmente mit einem Messer herausschneiden.

Feigen waschen und achteln.

In einer großen Schüssel Vinaigrette, Orangen, Feigen, Chicorée und Lollo bianco mischen. Mit Salz und Pfeffer würzen. Auf Tellern anrichten, Sprossen und Walnüsse über den Salat geben.

Polentaschnitten mit Steinpilzen und Tomaten

Für 4 Personen
Zubereitungszeit: 3 Stunden

Zutaten

200 ml Vinaigrette

1 EL Zwiebelkonfit
200 ml Geflügel- oder Gemüsebouillon
500 ml Wasser
100 g Maisgrieß
20 g Butter
1 EL Parmesan, frisch gerieben
Olivenöl
200 g Steinpilze
100 g Rucola
200 g bunt gemischte Cherrytomaten
Salz
Pfeffer

Zubereitung

Für die Polenta Zwiebelkonfit, Bouillon und Wasser aufkochen. Den Maisgrieß unter ständigem Rühren mit dem Holzlöffel einrieseln lassen. Maismasse bei kleiner Hitze so lange rühren, bis sie keine Blasen mehr wirft. Ca. 60 Minuten garen, dabei gelegentlich umrühren. Butter und Parmesan untermischen, mit Salz und Pfeffer abschmecken. Die Polenta in eine mit Backpapier ausgelegte Kastenform geben, auskühlen lassen und anschließend in daumendicke Scheiben schneiden.

Backofen auf 180 Grad vorheizen. Die Polentascheiben auf ein mit Backpapier belegtes Blech geben und mit etwas Olivenöl beträufeln. Für ca. 30–45 Minuten goldbraun backen, gegebenenfalls zwischendurch wenden.

Vinaigrette zubereiten.

Steinpilze putzen, in Scheiben schneiden und in einer Pfanne mit etwas Olivenöl goldbraun anbraten. Mit Salz und Pfeffer würzen.

Rucola putzen, waschen, in einer Salatschleuder trocknen und in eine große Schüssel geben.

Tomaten putzen, waschen und in dünne Scheiben schneiden. Die Tomaten zusammen mit der Vinaigrette zum Rucola geben, mischen und mit Salz und Pfeffer würzen. Salat auf Tellern anrichten, die noch warmen Schnitten und die Pilze über den Salat geben.

Lauchsalat mit Birne und Brie

Für 4 Personen
Zubereitungszeit: 45 Minuten

Zutaten

200 ml Vinaigrette

1 Lauch
½ rote Zwiebel
Olivenöl
Salz
Pfeffer
1 Birne
½ Kopfsalat
150 g Brie (oder Käse nach Wahl)
etwas Petersilie, gehackt

Zubereitung

Lauch putzen, in Ringe schneiden und waschen.

Die Zwiebel in Scheiben schneiden.

Eine Pfanne mit etwas Olivenöl erhitzen. Den Lauch und die Zwiebel langsam anbraten, mit Salz und Pfeffer würzen. Mit etwas Wasser ablöschen und so lange kochen, bis der Lauch gar ist. In einer großen Schüssel abkühlen lassen.

Vinaigrette zubereiten und zum Lauch geben.

Birne waschen, entkernen, in Würfel schneiden und unter den Lauch mischen.

Kopfsalat putzen, zupfen, waschen und in einer Salatschleuder trocknen. Zum Lauchsalat geben und mit Salz und Pfeffer abschmecken.

Brie in grobe Würfel schneiden und zusammen mit der gehackten Petersilie über den Salat verteilen.

Bohnensalat mit Orangen und Romana

Für 4 Personen
Vorbereitungszeit: 12 Stunden
Zubereitungszeit: 2 Stunden

Zutaten

200 ml Vinaigrette

200 g weiße Bohnen
2 Orangen
2 Stangen Lauch, nur das Weiße
4 Baby-Romanasalate
Olivenöl
Salz
Pfeffer
1 Zweig frischer Dill

Zubereitung

Die weißen Bohnen über Nacht in reichlich kaltem Wasser einweichen, am nächsten Tag abgießen und nochmals waschen. In einen tiefen Topf geben, etwas salzen und mit kaltem Wasser aufgießen, sodass die Bohnen mit etwa 3 cm Wasser bedeckt sind. Einmal aufkochen, danach die Temperatur auf die kleinste Stufe stellen und für etwa 2 Stunden leicht siedend köcheln, bis die Bohnen weich sind. Abgießen, in eine große Schüssel geben und kalt werden lassen.

Vinaigrette zubereiten.

Orangen filetieren: Die Enden der Orange abschneiden, bis das Fruchtfleisch zu sehen ist. Die Orange auf die Unterseite stellen und die gesamte Schale mit einem scharfen Messer von oben nach unten herunterschneiden, bis die weiße Haut vollständig entfernt ist. Die einzelnen Segmente mit einem Messer herausschneiden und in eine kleine Schüssel geben.

Den Lauch waschen, putzen und den Strunk entfernen. Mit einem Messer halbieren und gegen die Faser in feine Streifen schneiden. In einer kleinen Pfanne mit etwas Olivenöl leicht anbraten und mit Salz und Pfeffer würzen.

Den Romanasalat waschen, halbieren und in einer Salatschleuder trocknen. Mit Vinaigrette marinieren und auf Tellern anrichten. Bohnen, Orangen und Lauch darüber verteilen. Mit Dill dekorieren.

Rezeptverzeichnis

Die in diesem Buch enthaltenen Empfehlungen und Angaben sind von dem Autor mit größter Sorgfalt zusammengestellt und geprüft worden. Eine Garantie für die Richtigkeit der Angaben kann aber nicht gegeben werden. Autor und Verlag übernehmen keine Haftung für Schäden und Unfälle. Bitte setzen Sie bei der Anwendung der in diesem Buch enthaltenen Empfehlungen Ihr persönliches Urteilsvermögen ein.

Der Verlag Eugen Ulmer ist nicht verantwortlich für die Inhalte der im Buch genannten Websites.

Bibliografische Information der Deutschen Nationalbibliothek
Die Deutsche Nationalbibliothek verzeichnet diese Publikation in der Deutschen Nationalbibliografie; detaillierte bibliografische Daten sind im Internet über http://dnb.d-nb.de abrufbar.

Anmerkung zur Schreibweise (Gendering): Gendergerechtigkeit und Inklusion sind bei uns gelebte Praxis – bei der Auswahl unserer Themen, bei der Recherchearbeit, in der Gestaltung. Unsere Texte meinen alle. Damit unsere Inhalte jedoch gut lesbar bleiben, verzichten wir in diesem Werk auf die jeweilige Mehrfachnennung oder Anpassung der Schreibweise bestimmter Bezeichnungen an die weibliche, männliche oder diverse Form.

Wollgrasweg 41, 70599 Stuttgart (Hohenheim)
E-Mail: info@ulmer.de
Internet: www.ulmer.de
Projektleitung und Durchsicht: Jennifer Zajonz
Herstellung: Silke Reuter
Umschlag-Gestaltung: Verlag Eugen Ulmer
Satz: Fotosatz Buck, Kumhausen
Druck und Bindung: FINIDR
Printed in Czech Republic

MIX
Papier aus verantwortungsvollen Quellen
FSC® C014138

ISBN 978-3-8186-2232-9

Originalausgabe:
Genehmigte Lizenzausgabe 2024 für Verlag Eugen Ulmer KG, Stuttgart-Hohenheim

www.landliebe.ch
Herausgeber: Schweizer LandLiebe
Fotos und Foodstyling: Kathrin Bänziger & Fabian Lange
Lektorat: Romana Küpfer, Rieden
Buchgestaltung und Satz: Kathrin Bänziger
Buchherstellung: Bruno Bächtold